# 1 Ernährung des Säuglings - Beikost

Diese Empfehlungen bitte immer mit Ernährungsberater/in, Arzt oder Diätologen/in absprechen! Die Rezepte und Zutatenlisten unterstützen die medizinischen Therapien.

Die Kalorienangaben frischer Zutaten (Obst und Gemüse) und die Inhaltsstoffe schwanken je nach Qualität und Erntezeit. Die Inhalte wurden von einer Diätologin und einer Ernährungsberaterin für die Traditionelle Chinesische Medizin (TCM) geprüft.

**Autor:**
©2022 Josef Miligui
Liebe Leserinnen und Leser, ich wünsche Ihnen viel Erfolg und gutes Gelingen bei der Umstellung Ihrer Ernährung. Dieses Buch wurde aus eigener Erfahrung mit Krankheit und Ernährung geschrieben und ich habe schon immer das Zubereiten guter Speisen geschätzt. Wenn Sie nicht so geübt sind im Kochen, empfiehlt sich ein Kurs bei Ernährungsberatern oder Diätologen, die Ihnen die Grundlagen der Kochmethoden sowie die richtige Verarbeitung der Zutaten vermitteln können. Anhand der Lebensmittellisten aus diesem Buch können Sie weitere Rezepte entwickeln und entdecken.

**Quelle:**
Die Listen werden aus der EBNS-Datenbank für die Ernährungsberatung generiert. Die Datenbank wird von Ernährungsberater, Therapeuten und Ärzte für die Beratung der Patienten/Klienten verwendet und ermöglicht eine Kombination mehrerer Syndrome.

**Literaturliste:**
Wir haben die Unterlagen als Wissensbasis genutzt und an unsere Erfahrungen angepasst und ergänzt.
www.ebns.at

**Herstellung und Verlag:**
BoD – Books on Demand, Norderstedt
ISBN: 9783839153222

# DIÄTETIK - Allgemein - Ernährung des Säuglings - Beikost
## (Buch: 001)

1 Ernährung des Säuglings - Beikost ................................................................ 1
  1.1 Vorwort ............................................................................................. 3
  1.2 Beschreibung: ................................................................................. 6
  1.3 Therapiestrategie ........................................................................... 7
  1.4 Vermeiden ...................................................................................... 7
2 Speiseplan ...................................................................................................... 7
  2.1 Frühstück ........................................................................................ 8
  2.2 Jause .............................................................................................. 8
  2.3 Mittag .............................................................................................. 9
  2.4 Nachmittag ..................................................................................... 9
  2.5 Abend ............................................................................................ 10
3 Rezepte ......................................................................................................... 11
  3.1 Apfelmus mit Rosinen–ab 6. Monat ............................................. 11
  3.2 Aufgeschlagene Banane ............................................................... 11
  3.3 Baby Bananenbrei - ab 18. Monat (im Sommer) ......................... 12
  3.4 Baby Frischer Vollkornbrei - ab 8. Monat .................................... 13
  3.5 Baby Frühlingsgemüse - ab 8. Monat .......................................... 13
  3.6 Baby Gemüsebrei - ab 6. Monat .................................................. 14
  3.7 Baby Grießbrei mit Traubenmus - ab 8. Monat ........................... 15
  3.8 Baby Karottensaft - ab 12. Woche ............................................... 15
  3.9 Baby Kirsch-Getreidebrei - ab 8. Monat ...................................... 16
  3.10 Baby Milchfreier Getreide-Obst-Brei - ab 8. Monat ................... 17
  3.11 Baby Milchreis mit Beerensaft - ab 8. Monat ............................ 17
  3.12 Baby Monatsbrei - ab 7. Monat .................................................. 18
  3.13 Baby Müsli-Brei - ab 12. Monat ................................................. 19
  3.14 Baby Porridge mit Apfel - ab 8. Monat ....................................... 20
  3.15 Baby Ungekochter Pfirsichbrei - ab 8. Monat ............................ 20
  3.16 Baby Vollmilchbrei für die Flasche - ab 8. Monat ...................... 21
  3.17 Baby Zartes Fenchel-Gemüse - ab 6. Monat ............................ 22
  3.18 Baby Zwieback, Milch und Karottenmus - ab 8. Monat ............. 22
  3.19 Babymilch - bis 6 Monate ........................................................... 23
  3.20 Gemüse-Kartoffel-Fleisch-Brei - ab 10. Monat .......................... 24
  3.21 Geschnetzeltes mit Zucchini –ab 12. Monat .............................. 25
  3.22 Götterspeise – auch für Babys ab 8. Monat ............................... 26
  3.23 Grießbrei mit Banane .................................................................. 27
  3.24 Grießschnitten – auch für Babys ab 8. Monat ............................ 27
  3.25 Grundrezept für eine nahrhafte Gemüsebrühe ........................... 28
  3.26 Karotten mit Kartoffelschnee –ab 8. Monat ............................... 29
  3.27 Karotten-Reis mit Hühnerfleisch –ab 8. Monat .......................... 30
  3.28 Kohlrabi Zweierlei – auch für Babys ab 8. Monat ....................... 31

3.29     Kompott aus einheimischem Obst und Trockenfrüchten ... 32
3.30     Nudelsuppe – auch für Babys ab 10. Monat ...................... 32
3.31     Rahmkartoffeln mit Blumenkohl –ab 8. Monat ................. 33
3.32     Reispudding ...................................................................... 34
3.33     Spinat-Flan mit Milch - auch für Babys ab 12 Monate ....... 35
3.34     Trauben-Kompott – auch für Babys ab 8. Monat .............. 36
3.35     Traubensaft (frisch, selbstgemacht) .................................. 36
3.36     Vegetarischer Gemüsebrei - ab 8. Monat ......................... 37
3.37     Vegetarischer Gemüse-Getreide-Kartoffelbrei .................. 38
3.38     Vollmilch-Getreide-Brei - auch für Babys ab 8. Monat ....... 39
4    Wirkung der Lebensmittel ................................................... 40
   4.1     Zutaten verwenden: empfehlenswert ................................ 40
   4.2     Zutaten verwenden: ja ...................................................... 40
   4.3     Zutaten verwenden: wenig ................................................ 42
   4.4     Kontraindikativ wirkende Lebensmittel nicht verwenden ....... 43
5    Komplementär ................................................................... 48
   5.1     Zubereitung: Fertiggetränk ................................................ 48
     5.1.1     Baby- Säuglingsnahrung .......................................... 48
     5.1.2     Milch Ersatz bei Muttermilchmangel .......................... 48
     5.1.3     Muttermilch Ersatz .................................................... 48
     5.1.4     Stutenmilch als Muttermilchersatz .............................. 49
   5.2     Zubereitung: Heilbad ......................................................... 49
     5.2.1     Bad mit Kamille ........................................................ 49
   5.3     Zubereitung: Heil-Tee (Aufguss) ...................................... 49
     5.3.1     Kamille .................................................................... 49
6    Grundlagen der Ernährung ................................................. 50
   6.1     Ernährung ......................................................................... 50
   6.2     Rezepte ............................................................................ 52
   6.3     Lebensmittel ..................................................................... 53
   6.4     Kräuter .............................................................................. 54
7    Weitere Ernährungsvorschläge .......................................... 55

## 1.1 Vorwort

Die Weltgesundheitsorganisation (WHO) davon spricht, dass bis zu 80% der Erkrankungen durch äußere Faktoren wie Ernährung, Lebensstil, Umweltgifte und dergleichen beeinflusst werden.

Welche Faktoren also jeder einzelne von uns aktiv beeinflussen kann und somit seine Chancen auf Erhöhung der allgemein Gesundheit erzielen kann, darum geht es auf den folgenden Seiten.

Der Fokus in diesem Buch liegt auf dem Faktor mit der größten Hebelwirkung - der Ernährung.
Schon Hippokrates hat einst gesagt "Lass die Nahrung deine Medizin sein und Medizin deine Nahrung!" Kräuterpädagog:innen heute sagen so: "Es gibt für jede Krankheit das richtige Kraut."

Egal wie wir es drehen und wenden, wir sind was wir essen (und was unser Essen gegessen hat). Der moderne Mensch sieht sich gerne isoliert von seiner Umwelt. Wir entstehen aus unserer Umwelt, wir leben inmitten von ihr und wenn wir sterben gehen wir wieder in unsere Umwelt über. Während wir leben essen wir das, was in unserer Umwelt wächst (oder in Fabriken chemisch erzeugt wird). Diese Nahrung liefert die Energie und Bausteine, für den eigenen Körper, für den Stoffwechsel, Zellerneuerung, den Hormonhaushalt und damit für unser gesamtes Sein, die Gesundheit und unser Empfinden.

Hier ein paar Grundbausteine, bevor in dem Buch noch näher auf Ernährungsfaktoren eingegangen wird, die sozusagen der kleinste gemeinsame Nenner der meisten Ernährungsphilosophien sind:

- Saisonalität
  - Winterpflanzen, wie zum Beispiel verschiedene Kohlgewächse, versorgen uns mit Unmengen von Vitamin C und Bitterstoffen. Zwei Faktoren, die unser Immunsystem bei der Abwehr von der Kälte und den typischen Infekten in der Winterzeit unterstützen.
  - Sommerpflanzen wie zum Beispiel Gurken, Tomaten aber auch Zitrusfrüchte kühlen unseren aufgeheizten Körper und versorgen uns mit viel Wasser.
  - Außerdem müssen bei saisonalen Pflanzen weniger chemische Helferlein eingesetzt werden, da die passenden Umweltfaktoren das Wachstum sowieso fördern.
- Regionalität
  - Damit einher geht auch der Faktor der Regionalität. Regionale pflanzliche Lebensmittel werden reif geerntet und haben somit alle Nährstoffe entwickeln können. Im Gegensatz dazu wird Obst und Gemüse aus ferneren Ländern unreif geerntet und nur durch den Einsatz von chemischen Mitteln unnatürlich "nachgereift" - bzw. nur nach-gefärbt. Die Dichte der Nährstoffe und auch der

Geschmack kann dabei niemals mit regionalen Lebensmitteln mithalten. (Sie haben es vielleicht schon selber erlebt, dass eine Südfrucht aus dem jeweiligen Ursprungsland dort im Urlaub viel süßer und vollmundiger schmeckt als die gleiche Frucht aus dem zentraleuropäischen Supermarkt).

- Pflanzenbasierte Ernährung
  - Ja, diese Basis teilen selbst die Anhänger der Fleischdiät mit den Veganern. Denn bei der Fleischdiät geht es auch um Fleisch von Tieren, die sich artgerecht, sprich von vielen Gräsern und Kräutern ernährt haben. Die Masse an Getreide in der heutigen Ernährung - egal ob bei Mensch oder Tier - entspricht nicht der natürlichen Ernährungsweise. Sie macht uns krank, dick und manche behaupten sogar dumm (das weist auf die Schädigung der neuronalen Netzwerke hin, die durch den Konsum von Kohlenhydraten passiert hin). Pflanzen im Sinne von Gemüse, Kräutern, Salaten, Sprossen, in geringen Mengen Obst, Nüsse, Samen, etc. liefern neben den viel beschriebenen Vitaminen und Mineralstoffen vor allem sekundäre Pflanzenstoffe, die herausragende Heilwirkung haben. So werden eine Vielzahl unserer Medikamente auf Basis der natürlich vorkommenden Pflanzenstoffe nachgebaut. Allerdings sind da diverse Säuren und andere Wirkstoffe extrahiert und wirken nur alleine - mit den Pflanzen selbst nehmen wir sie in einer reichhaltigen und sich gegenseitig verstärkenden Kombination vielerlei wirksamer Stoffe zu uns.

Ja zusätzlich zu diesen 3 großen Punkten gibt es immer noch sehr viel zu beachten. Ein optimales Verhältnis von Omega 3 zu Omega 6 Fettsäuren (empfohlen wird 1:3), eine individuell und situationsbedingte Eiweißversorgung und so weiter.

Eine ganz gute und einfache Richtlinie für die alltägliche Ernährung bietet der ideale Teller. Der sieht so aus, dass möglichst jede Mahlzeit zur Hälfte aus pflanzlichen Bestandteilen besteht, ein Viertel der Eiweißversorgung dient und ein Viertel die Mahlzeit durch gute Fette und eventuell Kohlenhydrate abrundet.

Die Feinjustierung rund um die Zubereitungsarten, die Zusammenstellungen und so weiter sehe ich als sehr individuell an. Es gibt meines Erachtens nicht die 1 perfekte Ernährung. Es gibt so viele großartige Philosophien und Studien, die alle wunderbare Heilungen berichten und sich dabei aber gegenseitig ausschließen. Was auf den ersten Blick vielleicht paradox wirkt, eröffnet bei näherer Betrachtung ganz viele Möglichkeiten des Probierens und neuer Chancen.

Neben der Ernährung werden noch folgende Faktoren genannt:
- die Giftstoffbelastung in unserer Umwelt sowie in Pflegeprodukten oder eben in der Ernährung
- eine Balance aus Aktivität, (kurzzeitigem) Stress und der Entspannung wie auch Schlaf
- Aufarbeitung der emotionalen Wunden aus der Vergangenheit und Steigerung der Resilienz
- Biologische Zahnheilkunde
- eine optimierte Versorgung durch Heilkräuter, Heilpilze udgl.
- Früherkennung durch bewährte und schonende Verfahren

## 1.2 Beschreibung:

Frühestens ab dem 5. Lebensmonat, (bei allergiegefährdeten Kindern erst ab dem 7. Lebensmonat), spätestens ab dem 7. Lebensmonat nötig, da Stillen nicht mehr ausreicht.
Kuhmilch frühestens ab einem Jahr verabreichen; besonders allergiegefährdete Kinder sollten im 1. Lebensjahr keine Kuhmilch oder -produkte erhalten; Getreidebreie bis zu diesem Alter sollten mit Folgemilch angerührt werden Hochpotente Allergene, wie Nüsse, Südfrüchte, Fisch und Eier erst ab Ende des ersten Lebensjahres (Gefahr der Sensibilisierung) Babynahrung nicht bis wenig süßen, nicht salzen, Kräuter zur Geschmacksverbesserung, Butter und Öl nach dem Kochen zufügen.
Tee: nur zur Bedarfsdeckung bei Fieber oder sehr heißen Temperaturen, ideal ist zuckerfreier Tee. Falls mit Zucker, dann höchstens 4- bis 5%ige Kohlenhydratlösung (Glukose, Saccharose), um Gewöhnung an diesen Geschmack zu vermeiden. Zuckerhaltige Getränke sowie ständiges Nuckeln an der Flasche können zu Karies führen - nicht zur Beruhigung einsetzen!
Gemüse: Industriell hergestellte Produkte unterliegen strengen Kontrollen (niedriger Nitratgehalt, kein Zusatz von Konservierungsmitteln, keimfrei ...).
Mit Wurzelgemüse beginnen, wenn Gemüsebreie selbst hergestellt werden (relativ niedriger Nitratgehalt).

Fleisch:3- bis 4-mal pro Woche 30-40 g, um Eisenbedarf zu decken.
Obst: Anfangs nur gekochtes Obst, später zerdrückte Banane,
geriebener Apfel.
Früher ging man noch davon aus, dass es für ein Baby keinen
Zusatznutzen hat, wenn es länger als die ersten 6 Monate gestillt wird.
Heute ist bekannt, dass die Wahrscheinlichkeit für bestimmte
Erkrankungen in der Kindheit und im Erwachsenenalter bei länger
gestillten Kindern abnimmt da sie statistisch gesehen weniger an
Durchfall- oder Atemwegserkrankungen, Diabetes, Übergewicht und
vielem mehr leiden. Stille dein Kind also solange es für euch beide
passt!

## 1.3   Therapiestrategie

Säuglingsnahrung (außer Muttermilch und Säuglingsmilch)
In den ersten 4 bis 6 Lebensmonaten ist ausschließliche Milchernährung (Muttermilch,
industrielle Säuglingsmilchnahrung) empfehlenswert. Beikostgabe vor dem 5.
Lebensmonat und Vielfalt der Lebensmittel in der Beikost erhöhen das Risiko für die
Entwicklung einer Allergie.
Ab ca. 6. Monat: Frühkarotte, Kürbis, Zucchini
Ab ca. 7.Monat: Birne, Apfel, Banane, Rindfleisch oder Geflügelfleisch
Ab ca. 8.Monat: Broccoli, Fenchel, Gurke, Lammfleisch, Mais, Dinkel, Hafer, Hirse
Ab ca. 9.Monat: Blumenkohl, Spinat, Wasser- oder Honigmelone
Ab ca.10.Monat: Kohlrabi, Aprikose - Als Fettzusatz ist Rapsöl empfehlenswert
Monat für Monat wird eine Milchmahlzeit durch eine Breimahlzeit abgelöst. Nacheinander
werden eingeführt: ein Gemüse-Kartoffel-Fleisch-Brei, ein Milch-Getreide-Brei und ein
Getreide-Obst-Brei.
Der Kalorienbedarf eines Kleinkindes liegt laut Deutscher Gesellschaft für Ernährung bei
ca. 1100 kcal am Tag. Etwas genauer könnte man es auch berechnen, nämlich für Jungs
104 kcal pro kg Körpergewicht am Tag, und die Mädels benötigen 108 kcal pro kg
Körpergewicht am Tag.

## 1.4   Vermeiden

Hühnerei, Kuhmilch, Fisch, Zitrusfrüchte, Nüsse, Weizen, Sellerie, Schokolade. Gehen sie
sparsam mit Fett und Salz um. Zwiebeln, Kohl, Gebratenes und Hülsenfrüchte sollten Sie
bis zum 2.Lebensjahr nicht geben.
Fertig zubereitete oder angebrochene Babynahrung soll nicht zu lange bei
Raumtemperatur aufbewahrt werden, höchstens einen Tag lang im Kühlschrank.

---

# 2   Speiseplan

**Kkal. p. Portion**

## 2.1   Frühstück

| | |
|---|---:|
| Apfelmus mit Rosinen – auch für Babys ab 6. Monat | 73,6 |
| Aufgeschlagene Banane | 144,0 |
| Baby Gemüsebrei - ab 6. Monat | 161,0 |
| Baby Karottensaft - ab 12. Woche | 69,0 |
| Baby Kirsch-Getreidebrei - ab 8. Monat | 219,0 |
| Baby Milchfreier Getreide-Obst-Brei - ab 8. Monat | 220,0 |
| Baby Müsli-Brei - ab 12. Monat | 356,0 |
| Baby Ungekochter Pfirsichbrei - ab 8. Monat | 191,0 |
| Baby Vollmilchbrei für die Flasche - ab 8. Monat | 187,5 |
| Baby Zartes Fenchel-Gemüse - ab 6. Monat | 70,2 |
| Baby Zwieback, Milch und Karottenmus - ab 8. Monat | 112,0 |
| Gemüse-Kartoffel-Fleisch-Brei - ab 10. Monat | 127,0 |
| Götterspeise – auch für Babys ab 8. Monat | 60,0 |
| Grießbrei mit Banane | 307,3 |
| Kohlrabi Zweierlei – auch für Babys ab 8. Monat | 278,0 |
| Kompott aus einheimischem Obst und Trockenfrüchten | 45,0 |
| Nudelsuppe – auch für Babys ab 10. Monat | 236,8 |
| Rahmkartoffeln mit Blumenkohl – auch für Babys ab 8. Monat | 332,0 |
| Reispudding | 316,2 |
| Trauben-Kompott – auch für Babys ab 8. Monat | 128,0 |
| Traubensaft (frisch, selbstgemacht) | 73,0 |
| Vegetarischer Gemüsebrei - ab 8. Monat | 261,0 |
| Vollmilch-Getreide-Brei - auch für Babys ab 8. Monat | 205,0 |

## 2.2   Jause

| | |
|---|---:|
| Baby Bananenbrei - ab 18. Monat (im Sommer) | 235,6 |
| Baby Frühlingsgemüse - ab 8. Monat | 63,9 |
| Baby Kirsch-Getreidebrei - ab 8. Monat | 219,0 |
| Baby Milchfreier Getreide-Obst-Brei - ab 8. Monat | 220,0 |
| Baby Monatsbrei - ab 7. Monat | 157,0 |
| Baby Müsli-Brei - ab 12. Monat | 356,0 |
| Baby Ungekochter Pfirsichbrei - ab 8. Monat | 191,0 |
| Grießschnitten – auch für Babys ab 8. Monat | 331,0 |
| Karotten mit Kartoffelschnee – auch für Babys ab 8. Monat | 316,0 |
| Kohlrabi Zweierlei – auch für Babys ab 8. Monat | 278,0 |
| Rahmkartoffeln mit Blumenkohl – auch für Babys ab 8. Monat | 332,0 |
| Trauben-Kompott – auch für Babys ab 8. Monat | 128,0 |

## 2.3 Mittag

Apfelmus mit Rosinen – auch für Babys ab 6. Monat ..................... 73,6
Aufgeschlagene Banane................................................................ 144,0
Baby Frühlingsgemüse - ab 8. Monat.............................................. 63,9
Baby Gemüsebrei - ab 6. Monat.................................................... 161,0
Baby Grießbrei mit Traubenmus - ab 8. Monat .............................204,0
Baby Karottensaft - ab 12. Woche.................................................. 69,0
Baby Kirsch-Getreidebrei - ab 8. Monat ........................................219,0
Baby Milchfreier Getreide-Obst-Brei - ab 8. Monat ......................220,0
Baby Milchreis mit Beerensaft - ab 8. Monat ................................135,0
Baby Müsli-Brei - ab 12. Monat .....................................................356,0
Baby Porridge mit Apfel - ab 8. Monat...........................................279,0
Baby Ungekochter Pfirsichbrei - ab 8. Monat................................ 191,0
Baby Vollmilchbrei für die Flasche - ab 8. Monat .......................... 187,5
Baby Zartes Fenchel-Gemüse - ab 6. Monat ..................................70,2
Baby Zwieback, Milch und Karottenmus - ab 8. Monat ................ 112,0
Gemüse-Kartoffel-Fleisch-Brei - ab 10. Monat.............................. 127,0
Geschnetzeltes mit Zucchini – auch für Babys ab 12. Monat .......281,5
Götterspeise – auch für Babys ab 8. Monat ....................................60,0
Grießbrei mit Banane....................................................................307,3
Karotten mit Kartoffelschnee – auch für Babys ab 8. Monat .........316,0
Karotten-Reis mit Hühnerfleisch – auch für Babys ab 8. Monat....115,5
Kohlrabi Zweierlei – auch für Babys ab 8. Monat ..........................278,0
Kompott aus einheimischem Obst und Trockenfrüchten.................45,0
Nudelsuppe – auch für Babys ab 10. Monat .................................236,8
Rahmkartoffeln mit Blumenkohl – auch für Babys ab 8. Monat ....332,0
Reispudding.................................................................................316,2
Spinat-Flan mit Milch - auch für Babys ab 12 Monate...................250,0
Trauben-Kompott – auch für Babys ab 8. Monat ...........................128,0
Traubensaft (frisch, selbstgemacht) ...............................................73,0
Vegetarischer Gemüsebrei - ab 8. Monat.....................................261,0
Vegetarischer Gemüse-Getreide-Kartoffelbrei ...............................91,0
Vollmilch-Getreide-Brei - auch für Babys ab 8. Monat .................205,0

## 2.4 Nachmittag

Baby Monatsbrei - ab 7. Monat .................................................... 157,0
Götterspeise – auch für Babys ab 8. Monat ....................................60,0
Grießschnitten – auch für Babys ab 8. Monat ...............................331,0
Karotten mit Kartoffelschnee – auch für Babys ab 8. Monat .........316,0
Karotten-Reis mit Hühnerfleisch – auch für Babys ab 8. Monat....115,5
Reispudding.................................................................................316,2

## 2.5 Abend

Apfelmus mit Rosinen – auch für Babys ab 6. Monat ..................... 73,6
Baby Frischer Vollkornbrei - ab 8. Monat ...................................... 336,5
Baby Frühlingsgemüse - ab 8. Monat ............................................ 63,9
Baby Gemüsebrei - ab 6. Monat ..................................................... 161,0
Baby Milchreis mit Beerensaft - ab 8. Monat ............................... 135,0
Baby Monatsbrei - ab 7. Monat ...................................................... 157,0
Baby Vollmilchbrei für die Flasche - ab 8. Monat .......................... 187,5
Baby Zartes Fenchel-Gemüse - ab 6. Monat ................................. 70,2
Gemüse-Kartoffel-Fleisch-Brei - ab 10. Monat .............................. 127,0
Geschnetzeltes mit Zucchini – auch für Babys ab 12. Monat ....... 281,5
Grießbrei mit Banane ..................................................................... 307,3
Grießschnitten – auch für Babys ab 8. Monat ............................... 331,0
Karotten-Reis mit Hühnerfleisch – auch für Babys ab 8. Monat .... 115,5
Kompott aus einheimischem Obst und Trockenfrüchten ................ 45,0
Nudelsuppe – auch für Babys ab 10. Monat .................................. 236,8
Spinat-Flan mit Milch - auch für Babys ab 12 Monate ................... 250,0
Traubensaft (frisch, selbstgemacht) .............................................. 73,0
Vegetarischer Gemüsebrei - ab 8. Monat ...................................... 261,0
Vegetarischer Gemüse-Getreide-Kartoffelbrei ............................... 91,0
Vollmilch-Getreide-Brei - auch für Babys ab 8. Monat .................. 205,0

# 3 Rezepte

empfehlenswert = Sie können mehr verwenden
wenig = wenn möglich weniger verwenden
weniger als angegeben = möglichst nicht verwenden

## 3.1 Apfelmus mit Rosinen–ab 6. Monat

Stoppt Durchfall, fördert Verdauung, Appetit anregend, aktiviert den
Kohlenhydratstoffwechsel.

Anzahl Portionen:   10
Kalorien p. Portion  74
Gramm p. Portion   115
Kochdauer ca.      25 Min.
Allergene:          O
100g.≈ Eiweiß 0,325g. Fett:0,43g.
µg. - Ph:1,43 Na:0,36 Ka:15,92 Mg:0,6 Ca:0,79 Fe:0,04 Zn:0 Col.:0 Hsr.:1,39

**Zutaten:**
Apfel (süß) 1 Kg / 1000g. (ja)
Wasser 100 ml. / 100g. (ja)
Rosinen 50 g. / 50g. (weniger als angegeben)

**Kochanleitung:**
Die Äpfel waschen, schälen, vierteln und dabei das Kerngehäuse
entfernen. Mit dem Wasser in einen Topf geben und die mit heißem
Wasser abgewaschenen Rosinen dazugeben. Bei schwacher Hitze
etwa 10 Min. dünsten und abkühlen lassen. Für Kinder bis zu 10
Monaten das Mus im Mixer fein pürieren. Für die Größeren mit dem
Kartoffelstampfer zerdrücken. In Tiefkühlbeutel oder leere
Joghurtbecher füllen und verschließen. Im Tiefkühlfach einfrieren und
bei Bedarf bei Zimmertemperatur etwa 6 Std. auftauen lassen (ca. 4
Monate haltbar). Das Obstmus ist als Nachtisch oder Zwischenmahlzeit
gedacht. Es wirkt verdauungsfördernd. Bei Durchfall lieber
Bananenmus geben.

## 3.2 Aufgeschlagene Banane

2 x tgl. essen, reguliert Magen-Darm-Funktion, wirkt stopfend.

Anzahl Portionen:   1
Kalorien p. Portion  144
Gramm p. Portion   150
Kochdauer ca.       7 Min.
(Kohlehydrat:95% / Eiweiß & Fett:5%)
100g.≈ Eiweiß 1,65g. Fett:0,3g.
µg. - Ph:28 Na:1 Ka:393 Mg:36 Ca:9 Fe:0,6 Zn:0,2 Col.:0 Hsr.:25

**Zutaten:**
Banane 1 Stück / 150g. (empfehlenswert)

**Kochanleitung:**
Banane mit der Gabel zerdrücken oder mit einem Mixstab pürieren.
Mindestens 5 Min. braun werden lassen.


## 3.3 Baby Bananenbrei - ab 18. Monat (im Sommer)

Reguliert Magen-Darm-Funktion, schont die Verdauungsorgane,
entgiftet, gut bei Appetitlosigkeit, Blähungen, Darmentzündungen.

Anzahl Portionen:   1
Kalorien p. Portion   236
Gramm p. Portion   255
Kochdauer ca.   10 Min.
Allergene:   AG
(Kohlehydrat:73,6% / Eiweiß & Fett:26,3%)
100g.≈ Eiweiß 3,45g. Fett:8,92g.
µg. - Ph:36,12 Na:1,63 Ka:183,45 Mg:24,69 Ca:9,47 Fe:0,25 Zn:0,14 Col.:9,41 Hsr.:23,92

**Zutaten:**
Wasser 125 ml. / 125g. (ja)
Weizen Flocken 20 g. / 20g. (ja)
Banane 100 g. / 100g. (empfehlenswert)
Butter Bio 1 EL / 10g. (wenig)


**Kochanleitung:**
Das Wasser mit den Flocken in einem kleinen Topf verrühren. Bei
schwacher Hitze zum Kochen bringen, 1-2 Min. kochen lassen und
dann von der Kochstelle nehmen. Die Banane in den Topf schneiden,
die Butter zugeben und mit einem Mixstab pürieren. Den Bananenbrei
in einen Teller füllen und das Baby mit dem Löffel füttern. (Der
Nachmittagsbrei wird grundsätzlich nur mit Wasser gekocht. Daher ist
es umso wichtiger, die Fettzugabe nicht zu vergessen, denn sonst hat
Ihr Baby lange vor der nächsten Mahlzeit schon wieder Hunger.) Sie
können statt Butter auch Maiskeimöl nehmen. Besonders dann, wenn
der Brei nicht mehr so heiß ist, verteilt sich das Öl leichter und
angenehmer. Wenn Sie statt Weizenflocken Buchweizen-, Hirse-, Mais-
oder Reisflocken verwenden, ist der Brei glutenfrei.

## 3.4  Baby Frischer Vollkornbrei - ab 8. Monat

Reguliert Magen-Darm-Funktion, entzündungshemmend, lindert
Schmerzen, entgiftet, bakterizid.
Anzahl Portionen:   1
Kalorien p. Portion  337
Gramm p. Portion   348
Kochdauer ca.       15 Min.
Allergene:          AG
(Kohlehydrat:75,5% / Eiweiß & Fett:24,5%)
100g.≈ Eiweiß 10,732g. Fett:7,49g.
µg. - Ph:94,72 Na:68,65 Ka:251,94 Mg:28,7 Ca:76,06 Fe:0,59 Zn:0,33 Col.:3,45
Hsr.:14,37

**Zutaten:**
Dinkel Vollkornmehl 25 g. / 25g. (empfehlenswert)
Kuhmilch (Vollmilch 3,5 % Fett) 200 ml. / 200g. (ja)
Honig 1 TL / 3g. (wenig)
Banane 1 Stück / 120g. (empfehlenswert)

**Kochanleitung:**
Die Getreidekörner in einer Getreidemühle mehlfein mahlen. Sie
können eventuell auch eine Kaffeemühle benutzen, sollten dann aber
zweimal mahlen. Das Mehl mit der Milch in einem Topf anrühren und
bei mittlerer Hitze zum Kochen bringen. Den Brei bei schwacher Hitze
4-5 Min. unter Rühren leicht kochen lassen. Dann den Honig zufügen.
Die Banane mit einer Gabel ganz fein zerdrücken und ebenfalls unter
den Brei ziehen. Für das Fläschchen sollten Sie vorher die Banane mit
dem Pürierstab fein pürieren. Den Brei in einen Kinderteller füllen und
etwas abkühlen lassen. (Für Babys handwarm abkühlen lassen und in
ein Fläschchen füllen).

## 3.5  Baby Frühlingsgemüse - ab 8. Monat

Harntreibend, unterstützt die Verdauung, harmonisiert Magen und
Darm, leitet Darmwinde ab, bakterizid, stärkt Immunsystem.
Anzahl Portionen:   8
Kalorien p. Portion  64
Gramm p. Portion   143,12
Kochdauer ca.       1 1/2 Stunden
Allergene:          G
(Kohlehydrat:67,95% / Eiweiß & Fett:32,04%)
100g.≈ Eiweiß 1,95g. Fett:2,26g.
µg. - Ph:4,69 Na:3,35 Ka:28,47 Mg:3,02 Ca:6,1 Fe:0,15 Zn:0,01 Col.:0,07 Hsr.:2,73

**Zutaten:**
Karotte (Mohrrübe, Möhre) 500 g. / 500g. (empfehlenswert)
Kohlrabi 500 g. / 500g. (wenig)
Butter Bio 2 EL / 20g. (wenig)
Wasser 125 ml. / 125g. (ja)

**Kochanleitung:**
Das Gemüse gründlich waschen. Karotten und Kohlrabi putzen und
schälen. Von den Kohlrabi einige zarte Blätter fein hacken und beiseite
legen. Die Karotten und die Kohlrabi grob raspeln. Die Butter zerlassen,
Wasser und Gemüse zugeben und bei mittlerer Hitze etwa 30 Min.
garen. Dabei ab und zu umrühren. Das Gemüse samt Kochflüssigkeit
auf etwa 8 Tiefkühlbeutel zu Portionen à 100-150 g (je nach Alter des
Kindes) verteilen. Die Beutel verschließen, ganz abkühlen lassen und
einfrieren (etwa 3 Monate haltbar). Bei Bedarf auftauen lassen,
aufkochen und mit 80 g Pellkartoffeln und einem Ei vermischen. Das
Rezept kann einfach variiert werden, wenn man Blumenkohl, Erbsen
oder Zucchini verwendet.

## 3.6 Baby Gemüsebrei - ab 6. Monat

Stärkt Milz, Leber, Blut und Knochenmark, bakterizid, stärkt
Immunsystem, verbessert Verdauung.
Anzahl Portionen:   1
Kalorien p. Portion  161
Gramm p. Portion   190
Kochdauer ca.      20 Min.
Allergene:          G
(Kohlehydrat:32,93% / Eiweiß & Fett:67,067%)
100g.≈ Eiweiß 8,67g. Fett:13,67g.
µg. - Ph:63,47 Na:22,05 Ka:197,95 Mg:14,95 Ca:26,58 Fe:1,49 Zn:0,38 Col.:24,47
Hsr.:41,37

**Zutaten:**
Kartoffel 1 Stück / 50g. (empfehlenswert)
Karotte (Frühkarotte) 100 g. / 100g. (empfehlenswert)
Huhn Fleisch 30 g. / 30g. (empfehlenswert)
Butter Bio 1 EL / 10g. (wenig)

**Kochanleitung:**
Die Kartoffel waschen und ungeschält in einen kleinen Topf legen. Mit
wenig Wasser bedeckt bei schwacher Hitze in 15-20 Min. garen.
Inzwischen die Karotten waschen, putzen, schälen und in etwa 2 cm
große Stücke schneiden. Mit 3 EL Wasser und dem Fleisch in einem
Topf etwa 15 Min. dünsten. Die Karotten und das Fleisch mit einem

Pürierstab fein zerkleinern. Die Butter dazugeben und alles pürieren. (Wechseln Sie immer wieder die Gemüsesorte: Kohlrabi, Zucchini, Pastinaken).

## 3.7 Baby Grießbrei mit Traubenmus - ab 8. Monat

Schont die Verdauungsorgane, wirkt bei Appetitlosigkeit, Blähungen, Darmentzündungen. Stärkt Sehnen und Knochen, ist harntreibend, fördert Verdauung, leicht abführend.

Anzahl Portionen: 1
Kalorien p. Portion 204
Gramm p. Portion 245
Kochdauer ca. 10 Min.
Allergene: AG
(Kohlehydrat:71% / Eiweiß & Fett:29%)
100g.≈ Eiweiß 10,14g. Fett:3,54g.
µg. - Ph:87,84 Na:41,18 Ka:146,94 Mg:12,67 Ca:100,9 Fe:0,33 Zn:0,45 Col.:4,9 Hsr.:23,27

**Zutaten:**
Trauben weiß 5 Stück / 15g. (ja)
Kuhmilch (1,5 % Fett) 200 ml. / 200g. (ja)
Weizen Gries - Kindergries 3 EL / 30g. (empfehlenswert)

**Kochanleitung:**
Die Trauben waschen, halbieren, die Schale abziehen und die Kerne entfernen. Das Fruchtfleisch fein hacken, den Saft dabei auffangen. Die Hälfte der Milch erhitzen, den Grieß (nicht Vollkorn) dazugeben, aufkochen lassen und bei schwacher Hitze unter Rühren in etwa 3 Min. ausquellen lassen. Den Topf von der Kochstelle nehmen, nach und nach die restliche Milch unterschlagen, den Brei in ein Schälchen füllen und das Traubenmark darüber geben. Den Grießbrei können Sie mit Obstmus oder -säften leicht süßen.

## 3.8 Baby Karottensaft - ab 12. Woche

Fördert die Verdauung, stärkt Milz und Leber, bakterizid, stärkt Immunsystem, für cholesterinarme Ernährung.

Anzahl Portionen: 3
Kalorien p. Portion 69
Gramm p. Portion 200,67
Kochdauer ca. 20 Min.
Allergene:
(Kohlehydrat:81% / Eiweiß & Fett:19%)
100g.≈ Eiweiß 2g. Fett:1,06g.
µg. - Ph:3,43 Na:2,18 Ka:16,94 Mg:1,4 Ca:4,66 Fe:0,15 Zn:0,04 Col.:0 Hsr:1,4

**Zutaten:**
Karotte (Frühkarotte) 600 g / 400g. (empfehlenswert)
Wasser 3 EL / 0g. (ja)
Orange 2 Stück / 200g. (wenig)
Maiskeimöl 1/2 TL / 2g. (wenig)

**Kochanleitung:**
Die frischen Möhren putzen, gründlich waschen und schälen. In 3 EL
Wasser etwa 15 Min. dünsten und in einem Entsafter (Zentrifuge)
entsaften. Ab dem 1. Jahr: Mischen Sie diesen Karottensaft zu gleichen
Teilen mit frisch gepresstem Orangensaft, damit Ihr Kind auch gleich
genug Vitamin C bekommt, sonst mit Wasser. Den Saft mit 1/2 TL
Maiskeimöl verquirlen, portionsweise in einem Eiswürfelportionierer
einfrieren. Tiefgefroren ist der Saft bis zu 6 Wochen haltbar.

## 3.9    Baby Kirsch-Getreidebrei - ab 8. Monat

Reguliert Magen-Darm-Funktion, fördert die Durchblutung, lindert
Entzündungen, befeuchtet und verbessert die Haut. Schont die
Verdauungsorgane, entgiftet, wirkt bei Appetitlosigkeit, Blähungen,
Darmentzündung.

Anzahl Portionen:    1
Kalorien p. Portion  219
Gramm p. Portion     330
Kochdauer ca.        10 Min.
Allergene:           AG
(Kohlehydrat:71% / Eiweiß & Fett:29%)
100g.≈ Eiweiß 3,35g. Fett:8,97g.
µg. - Ph:26,39 Na:1,79 Ka:115,7 Mg:15,52 Ca:9,82 Fe:0,11 Zn:0,11 Col.:7,27 Hsr.:16,97

**Zutaten:**
Kirsche 50 g. / 50g. (weniger als angegeben)
Wasser 200 ml. / 200g. (ja)
Weizen Flocken 20 g. / 20g. (ja)
Banane 50 g. / 50g. (empfehlenswert)
Butter Bio 1 EL / 10g. (wenig)

**Kochanleitung:**
Die Kirschen gründlich waschen, von den Stielen zupfen und
entkernen. (Kirschen aus dem Glas abtropfen lassen, tiefgefrorene
auftauen.) Die Kirschen mit dem Wasser und den Flocken in einem
Topf bei schwacher Hitze unter Rühren etwa 4 Min. kochen, bis die
Kirschen weich sind. Banane und Butter zum Brei geben und mit dem
Pürierstab fein zermusen.

## 3.10 Baby Milchfreier Getreide-Obst-Brei - ab 8. Monat

Stoppt Durchfall, fördert Verdauung, Appetit anregend, stärkt Abwehrkraft, lindert Schmerzen und Entzündungen.

Anzahl Portionen: 1
Kalorien p. Portion 220
Gramm p. Portion 245
Kochdauer ca. 10 Min.
Allergene: AG
(Kohlehydrat:67% / Eiweiß & Fett:33%)
100g.≈ Eiweiß 2,79g. Fett:10,77g.
µg. - Ph:38,8 Na:2,59 Ka:96,71 Mg:15,24 Ca:11,37 Fe:0,65 Zn:0,43 Col.:9,8 Hsr.:19,82

### Zutaten:
Apfel (süß) 1 Stück / 100g. (ja)
Erdbeere 3 Stück / 15g. (ja)
Wasser 100 ml. / 100g. (ja)
Hafer Flocken (Vollkorn) 20 g. / 20g. (empfehlenswert)
Butter Bio 1 EL / 10g. (wenig)

### Kochanleitung:
Den Apfel gründlich waschen, mit einem Sparschäler schälen und auf einer Apfelreibe fein reiben. Die Erdbeeren waschen, das Grün abzupfen und die Beeren mit einer Gabel sehr fein zerdrücken. Das Wasser zum Kochen bringen, die Flocken in einen Teller füllen, das kochende Wasser aufgießen und gut verrühren. Dann die Butter dazugeben und unterziehen. Zum Schluss den geriebenen Apfel und die Erdbeeren untermengen.

## 3.11 Baby Milchreis mit Beerensaft - ab 8. Monat

Führt leicht ab, stärkt Nieren und Blase, stärkt Sehkraft und Muskeln, gegen chronische Verstopfung, harntreibend, erwärmt den Körper von innen, erweitert die Gefäße, reguliert Innenorganfunktionen.

Anzahl Portionen: 1
Kalorien p. Portion 135
Gramm p. Portion 240
Kochdauer ca. 25 Min.
Allergene: G
(Kohlehydrat:62% / Eiweiß & Fett:38%)
100g.≈ Eiweiß 7,94g. Fett:3,54g.
µg. - Ph:98,33 Na:42,21 Ka:152,5 Mg:20,29 Ca:105,96 Fe:0,32 Zn:0,46 Col.:5 Hsr.:7,83

**Zutaten:**
Himbeere 3 EL / 30g. (empfehlenswert)
Kuhmilch (1,5 % Fett) 200 ml. / 200g. (ja)
Reis Reisschleim 2 EL / 10g. (ja)

**Kochanleitung:**
Die tiefgekühlten Himbeeren auftauen lassen und dann durch ein Sieb
streichen. Die Hälfte der Milch mit dem Reisschleim anrühren, in einem
kleinen Topf zum Kochen bringen und bei schwacher Hitze unter
Rühren etwa 3 Min. ausquellen lassen. Den Topf von der Kochstelle
nehmen und nach und nach die restliche Milch und den Himbeersaft
einrühren. Die Flüssigkeit in die Flasche füllen und kräftig schütteln. Je
nach Saison und Vorliebe Ihres Kindes bei Obstsäften, etwas
Traubenzucker und ab dem 8. Monat mit Honig oder
Zuckerrohrgranulat variieren.

## 3.12 Baby Monatsbrei - ab 7. Monat

Stärkt Milz, Leber, Muskeln, Sehnen, Knochen und Immunsystem,
bakterizid, harntreibend, verbessert Verdauung,
 regeneriert Haut.
Anzahl Portionen:   20
Kalorien p. Portion  157
Gramm p. Portion   345,15
Kochdauer ca.      2 Stunden und Allergene:
(Kohlehydrat:48% / Eiweiß & Fett:52%)
100g.≈ Eiweiß 13,52g. Fett:3,94g.
µg. - Ph:0,13 Na:0,05 Ka:0,43 Mg:0,03 Ca:0,06 Fe:0 Zn:0 Col.:0,03 Hsr.:0,07

**Zutaten:**
Rind Suppenfleisch 1 Kg / 1000g. (ja)
Wasser 1 1/2 Liter / 1400g. (ja)
Fenchelsamen gemahlen 1 TL / 3g. (empfehlenswert)
Kartoffel 1 1/2 kg. / 1500g. (empfehlenswert)
Karotte (Frühkarotte) 3 kg. / 3000g. (empfehlenswert)

**Kochanleitung:**
Das Rindfleisch abwaschen und mit etwa ½ l Wasser in den
Schnellkochtopf legen. Die Fenchelsamen dazugeben, den Topf
schließen und aufsetzen. Bei Stufe 1 in etwa 45 Min. garen. Dann von
der Kochstelle nehmen und warten, bis der Druck abgefallen ist (im
normalen Kochtopf ca 1,5 Std. kochen). In der Zwischenzeit die
Kartoffeln waschen und ungeschält in einen Topf geben. Etwa 5 cm
hoch Wasser einfüllen, zum Kochen bringen und die Kartoffeln bei
schwacher Hitze in 35-40 Min. garen. Das Fleisch aus der Brühe

nehmen und in etwa 2 cm große Würfel schneiden. Die Karotten waschen, putzen, schälen und in grobe Stücke teilen. Die Hälfte der Karotten im geschlossenen Topf auf Stufe 1 in etwa 6 Min. garen. Abdampfen lassen und die Karotten mit einem Schaumlöffel herausheben. Dann die restlichen Karotten garen. In einer Schüssel etwas Fleisch mit Karotten und einer Kelle Bouillon mit dem Mixstab fein pürieren. Die noch heißen Kartoffeln pellen und portionsweise durch die Kartoffelpresse drücken. Nicht mit Püriergeräten zerkleinern, sonst wird das Püree kleisterig. Das lockere Kartoffelpüree mit dem Karotten-Fleisch-Mus mischen. In Tiefkühlbeuteln Portionen von 190-220 g (je nach Alter und Appetit) abwiegen, verschließen und im Tiefkühlgerät einfrieren. Der Monatsbrei ist bis zu 2 Monaten haltbar. Bei Bedarf den Beutel samt Inhalt in warmem Wasser auftauen lassen. Das Gemüse in einem Topf kurz aufkochen lassen und auf dem Teller mit 1 EL Butter oder Keimöl (am besten täglich wechseln) vermischen. Das Fett erst nach dem Kochen dazugeben - sonst werden wichtige Vitamine und Fettsäuren zerstört!

## 3.13 Baby Müsli-Brei - ab 12. Monat

Stoppt Durchfall, fördert Verdauung, regt Appetit an, stärkt Abwehrkraft, schont die Verdauungsorgane, entgiftet, wirkt bei Appetitlosigkeit, Blähungen, Darmentzündung, stärkt Milz und Magen.

Anzahl Portionen: 1
Kalorien p. Portion 356
Gramm p. Portion 316
Kochdauer ca. 45 Min.
Allergene: AGHO
(Kohlehydrat:67% / Eiweiß & Fett:33%)
100g.≈ Eiweiß 11,7g. Fett:12,52g.
µg. - Ph:108,09 Na:41,52 Ka:178,39 Mg:24,24 Ca:86,39 Fe:0,7 Zn:0,7 Col.:3,8 Hsr.:19,94

### Zutaten:
Kuhmilch (Vollmilch 3,5 % Fett) 200 ml. / 200g. (ja)
Rosinen 1 TL / 3g. (weniger als angegeben)
Hafer Flocken (Vollkorn) 4 EL / 30g. (empfehlenswert)
Zwieback 2 EL / 10g. (empfehlenswert)
Haselnüsse 1 TL / 3g. (weniger als angegeben)
Apfel (süß) 1/2 Stück / 70g. (ja)

### Kochanleitung:
Die Milch erhitzen, die Rosinen waschen und in eine Schüssel geben. Die Haferflocken, die Zwieback Krümel und die Haselnüsse dazugeben. Die Milch darüber gießen und ca. 30 Min. quellen lassen. Den Apfel waschen, schälen und grob raspeln und mit dem Müsli vermischen.

Wenn Ihr Kind es lieber warm mag, zuvor kurz erhitzen. (Vorsicht bei Haselnüssen! Hat nur ein Elternteil eine Allergie, sollten Nüsse erst ab dem 3. Lebensjahr gegeben werden.)

## 3.14 Baby Porridge mit Apfel - ab 8. Monat

Stoppt Durchfall, fördert Verdauung, regt Appetit an, stärkt die Abwehrkraft.

Anzahl Portionen:    1
Kalorien p. Portion  279
Gramm p. Portion     340
Kochdauer ca.        15 Min.
Allergene:           AG
(Kohlehydrat:68% / Eiweiß & Fett:32%)
100g.≈ Eiweiß 9,04g. Fett:9,46g.
µg. - Ph:82,76 Na:30,88 Ka:159,53 Mg:17,35 Ca:76,24 Fe:0,51 Zn:0,51 Col.:3,53 Hsr.:14,06

**Zutaten:**
Kuhmilch (Vollmilch 3,5 % Fett) 200 ml. / 200g. (ja)
Hafer Flocken (Vollkorn) 2 EL / 20g. (empfehlenswert)
Apfel (süß) 1 Stück / 120g. (ja)

**Kochanleitung:**
Die Milch mit den Haferflocken in einen kleinen Topf füllen und zum Kochen bringen. Nach etwa 1 Min. von der Kochstelle nehmen und zugedeckt 3-4 Min. quellen lassen. Den Apfel unter fließendem Wasser gründlich waschen, trockenreiben und schälen. Das Fruchtfleisch auf einer Apfelreibe rundherum fein abreiben und unter den Haferbrei rühren und alles in einen Kinderteller füllen.

## 3.15 Baby Ungekochter Pfirsichbrei - ab 8. Monat

Unterstützt die Erythrozyten-Produktion, lindert Müdigkeit, entspannt, schont die Verdauungsorgane, entgiftet, wirkt
 bei Appetitlosigkeit, Blähungen, Darmentzündungen.

Anzahl Portionen:    1
Kalorien p. Portion  191
Gramm p. Portion     250
Kochdauer ca.        10 Min.
Allergene:           AG
(Kohlehydrat:66% / Eiweiß & Fett:34%)
100g.≈ Eiweiß 3,19g. Fett:8,84g.
µg. - Ph:37,64 Na:1,64 Ka:114,4 Mg:15 Ca:8,92 Fe:0,25 Zn:0,1 Col.:9,6 Hsr.:23,04

**Zutaten:**
Wasser 100 ml. / 100g. (ja)
Weizen Flocken 20 g. / 20g. (ja)
Butter Bio 1 EL / 10g. (wenig)
Pfirsich 1 Stück / 120g. (ja)

**Kochanleitung:**
Das Wasser einmal aufkochen lassen, Flocken einrühren und die Butter
unterziehen. Den Pfirsich sehr gründlich waschen, in einer kleinen
Schüssel mit kochend heißem Wasser übergießen und etwa 2 Min.
ziehen lassen, bis sich die Schale leicht abziehen lässt. Pfirsich häuten,
in Viertel schneiden und dabei vom Kern lösen. Das Fruchtfleisch mit
dem Pürierstab zu Mus zerkleinern, unter den Brei ziehen und auf einen
Teller füllen.

## 3.16 Baby Vollmilchbrei für die Flasche - ab 8. Monat

Leicht abführend, liefert Vitamin C, harntreibend, aufbauend,
augenstärkend, entgiftend, gewebestärkend, nervenstärkend, nährt und
stärkt Körper.
Anzahl Portionen:    1
Kalorien p. Portion  187
Gramm p. Portion    265
Kochdauer ca.        15 Min.
Allergene:           G
(Kohlehydrat:68,57% / Eiweiß & Fett:31,43%)
100g.≈ Eiweiß 9,08g. Fett:4,095g.
µg. - Ph:98,26 Na:38,13 Ka:137,11 Mg:23,81 Ca:97,34 Fe:0,81 Zn:0,58 Col.:4,53
Hsr.:7,13

**Zutaten:**
Kuhmilch (1,5 % Fett) 200 ml. / 200g. (ja)
Hirseflocken 20 g. / 20g. (empfehlenswert)
Birnensaft 15 g. / 15g. (ja)
Orangensaft 3 tl / 30g. (wenig)

**Kochanleitung:**
Die Hälfte der Milch in einem kleinen Topf mit den Vollkornflocken glatt
verrühren und unter ständigem Schlagen mit dem Schneebesen zum
Kochen bringen. Je nach Flocken 2-3 Min. kochen lassen; manche
müssen nur eingerührt werden in die heiße Milch. Den Topf von der
Kochstelle nehmen und unter weiterem Rühren den Birnensaft und die
restliche Milch zufügen. Zum Schluss den Orangensaft durch ein Sieb
in die Milch gießen und alles gut verrühren. (Für Babys handwarm
abkühlen lassen und in ein Fläschchen füllen).

## 3.17 Baby Zartes Fenchel-Gemüse - ab 6. Monat

Lindert Verstopfung, regt Nerven an, lindert Entzündungen, verbessert Durchblutung, regeneriert Haut, fördert Verdauung, harntreibend.

Anzahl Portionen:  2
Kalorien p. Portion  70
Gramm p. Portion  90
Kochdauer ca.  25 Min.
Allergene:  G
(Kohlehydrat:45,79% / Eiweiß & Fett:54,20%)
100g.≈ Eiweiß 1,735g. Fett:4,285g.
µg. - Ph:21,28 Na:24,36 Ka:185,03 Mg:16,39 Ca:31,75 Fe:0,81 Zn:0,07 Col.:3,33
Hsr.:7,08

**Zutaten:**
Kartoffel 1 Stück / 50g. (empfehlenswert)
Fenchel 100 g. / 100g. (empfehlenswert)
Wasser 2 EL / 20g. (ja)
Butter Bio 1 EL / 10g. (wenig)

**Kochanleitung:**
Die Kartoffel waschen und mit einem Sparschäler schälen. In etwa 2 cm große Würfel schneiden. Den Fenchel waschen, fleckige, dunkle Stellen entfernen und die Knolle kleinschneiden. Beides mit 2 EL Wasser in einem kleinen Topf zum Kochen bringen. Bei schwacher Hitze in etwa 15 Min. garen. Das Gemüse mit dem Pürierstab fein pürieren und dabei die Butter unterrühren. Fenchel beruhigt den Magen und beugen Blähungen vor. Außerdem enthält Fenchel besonders viel Vitamin C und Folsäure. Eine ideale Mahlzeit für kranke Kinder.

## 3.18 Baby Zwieback, Milch und Karottenmus - ab 8. Monat

Stärkt Milz und Leber, senkt Blutdruck, bakterizid, stärkt Immunsystem, schont Verdauungsorgane, leicht abführend, entgiftet, wirkt bei Appetitlosigkeit, Blähungen und Darmentzündung.

Anzahl Portionen:  1
Kalorien p. Portion  112
Gramm p. Portion  234
Kochdauer ca.  10 Min.
Allergene:  AG
(Kohlehydrat:55% / Eiweiß & Fett:45%)
100g.≈ Eiweiß 7,54g. Fett:3,43g.
µg. - Ph:87,94 Na:50,95 Ka:149,02 Mg:12,07 Ca:108,67 Fe:0,35 Zn:0,41 Col.:5,13
Hsr.:2,18

**Zutaten:**
Karotte (Frühkarotte) 30 g. / 30g. (empfehlenswert)
Wasser 2 EL / 0g. (ja)
Kuhmilch (1,5 % Fett) 200 ml. / 200g. (ja)
Zwieback 3 Scheiben / 4g. (empfehlenswert)

**Kochanleitung:**
Die Karotte waschen, schälen und in kleine Stücke schneiden. In einem
kleinen Topf mit dem Wasser in ca. 10 Min. weich kochen und pürieren.
Die Milch in einem Topf erhitzen (sie muss nicht unbedingt kochen,
wenn sie aus einer frischen Packung kommt), die Zwiebäcke in eine
Stoffserviette geben, die Serviette an den vier Enden anfassen und
zusammendrehen. Mit einem Kartoffelstampfer die Zwiebäcke grob
zerkleinern und in einen Kinderteller geben. Die Hälfte der heißen Milch
darüber gießen, etwa 1 Min. ziehen lassen und dann den Brei mit dem
Karottenmus verrühren. Die restliche Milch etwas abkühlen lassen und
in die Flasche füllen.

# 3.19 Babymilch - bis 6 Monate

Leicht abführend, stärkt Nieren und Blase, harntreibend, erwärmt den
Körper von innen, erweitert die Gefäße, stärkt die Muskeln, reguliert
Innenorganfunktionen, nährt und stärkt Körper.

Anzahl Portionen:   1
Kalorien p. Portion  118
Gramm p. Portion   223
Kochdauer ca.      10 Min.
Allergene:          G
(Kohlehydrat:52% / Eiweiß & Fett:48%)
100g.≈ Eiweiß 3,6g. Fett:6,62g.
µg. - Ph:50,43 Na:23,17 Ka:74,34 Mg:9,62 Ca:57,24 Fe:0,13 Zn:0,27 Col.:2,7 Hsr.:4,08

**Zutaten:**
Wasser 100 ml. / 100g. (ja)
Reis Reisschleim 1 EL / 5g. (ja)
Kuhmilch (Vollmilch 3,5 % Fett) 100 ml. / 100g. (ja)
Birnensaft 15 g. / 15g. (ja)
Maiskeimöl 3 g. / 3g. (wenig)

**Kochanleitung:**
Das Wasser in einen kleinen Topf geben und den Reisschleim
einrühren. Bei mittlerer Hitze zum Kochen bringen und 2-3 Min. kochen
lassen. Den Topf vom Herd nehmen, die Milch mit einem Schneebesen
unterschlagen, den Birnensaft hinzufügen und alles verrühren. Das Öl
dazugeben und die Milch mit dem elektrischen Handrührgerät kräftig

durchschlagen. (Für Babys handwarm abkühlen und in ein Fläschchen füllen).

## 3.20 Gemüse-Kartoffel-Fleisch-Brei - ab 10. Monat

Stärkt Immunsystem, lindert Entzündungen, verbessert Verdauung, stärkt Milz und Magen, stärkt Muskeln, Sehnen und Knochen, antiparasitär.

Anzahl Portionen:  2
Kalorien p. Portion  127
Gramm p. Portion  203
Kochdauer ca.  30 Min.
(Kohlehydrat:57% / Eiweiß & Fett:43%)
100g.≈ Eiweiß 7,67g. Fett:3,57g.
µg. - Ph:12,18 Na:5,4 Ka:43,54 Mg:3,24 Ca:6,21 Fe:0,31 Zn:0,2 Col.:1,8 Hsr.:5,73

**Zutaten:**
Kartoffel 100 g. / 100g. (empfehlenswert)
Karotte (Frühkarotte) 200 g. / 200g. (empfehlenswert)
Rind (Kalb) 40 g. / 40g. (empfehlenswert)
Marillensaft 6 EL / 60g. (wenig)
Rapsöl 1 EL / 6g. (wenig)

**Kochanleitung:**
Das Fleisch von Haut, Sehnen und Fettresten befreien, unter kühlem Wasser abspülen, in kleine Stücke schneiden und in wenig Wasser gar kochen. Nach ca. 15-20 Min. herausnehmen und pürieren. Das Gemüse und die Kartoffeln waschen, schälen und in nicht zu kleine Stücke schneiden. Mit wenig Wasser auf kleiner Flamme in 10-20 Min. weich kochen. Mit dem Pürierstab das Gemüse zerkleinern und alles vermischen. Butter oder Öl und Obstsaft hinzufügen und nochmals pürieren.
Verwenden Sie abwechselnd andere Fleischsorten wie Huhn, Lamm oder Pute. Wechseln Sie auch beim Gemüse ab mit Zucchini, Kohlrabi, Fenchel, Kürbis, Pastinaken und Brokkoli. Wechseln Sie auch die Obstsäfte. Dadurch kann eine Vielfalt an Geschmacksrichtungen erzeugt werden.

## 3.21 Geschnetzeltes mit Zucchini –ab 12. Monat

Verbessert Verdauung, regeneriert die Haut, harntreibend, senkt Cholesterinspiegel und Blutdruck, baut Milz und Magen auf, stärkt Blut, Knochenmark, Milz, Leber und Abwehrkraft.

Anzahl Portionen: 6
Kalorien p. Portion 281
Gramm p. Portion 368
Kochdauer ca. 1 Stunde
Allergene: AEGL
(Kohlehydrat:52% / Eiweiß & Fett:48%)
100g.≈ Eiweiß 16,06g. Fett:11,54g.
µg. - Ph:1,69 Na:1 Ka:7,01 Mg:0,72 Ca:1,28 Fe:0,03 Zn:0,01 Col.:0,23 Hsr.:0,84

### Zutaten:
Pute Brustfleisch 300 g. / 300g. (empfehlenswert)
Zitrone Saft 1 EL / 10g. (weniger als angegeben)
Basilikum 1 TL / 2g. (ja)
Zucchini 800 g. / 800g. (empfehlenswert)
Maiskeimöl 2 EL / 20g. (wenig)
Grundrezept für eine Gemüsebrühe nahrhaft 125 g. / 125g. (ja)
Sahne, süß 30% 125 g. / 125g. (weniger als angegeben)
Sojasauce 1 EL / 10g. (weniger als angegeben)
Hafer Schmelzlocken (Babynahrung) 2 EL / 16g. (empfehlenswert)
Kartoffel 800 g. / 800g. (empfehlenswert)


### Kochanleitung:
Das Putenfleisch in schmale Streifen schneiden, mit Zitronensaft beträufeln und mit Basilikum bestreuen. Die Zucchini waschen, schälen, die Stiel- und Blütenansätze entfernen und grob raspeln. 1 EL Öl erhitzen, das Putenfleisch darin anbraten und mit der Gemüsebrühe aufgießen. Sahne dazugießen, den Deckel auflegen und alles bei schwacher Hitze ca. 10 Min. dünsten. Die Zucchiniraspel und die Schmelzflocken hinzufügen, Deckel wieder auflegen und alles nochmals ca. 10 Min. dünsten. Für das Baby etwa 70 g Kartoffeln zerdrücken und etwa 150 g Zucchini mit Fleisch darüber geben. Das Fleisch kleinschneiden und mit dem restlichen Keimöl vermischen. Für die Familie das Geschnetzelte mit der Brühe aufgießen, die Sojasoße dazugeben und noch 1-2 Min. kochen lassen. Mit den Kartoffeln servieren.

## 3.22 Götterspeise – auch für Babys ab 8. Monat

Stärkt Milz und Leber, senkt Blutdruck, bakterizid, stärkt Immunsystem, fördert die Verdauung, erwärmt Magen und Milz, fördert Durchblutung, cholesterinarm.

Anzahl Portionen: 2
Kalorien p. Portion 60
Gramm p. Portion 204
Kochdauer ca.     2 Stunden und Allergene:
(Kohlehydrat:76% / Eiweiß & Fett:24%)
100g.≈ Eiweiß 1,75g. Fett:1,35g.
µg. - Ph:7,14 Na:5,39 Ka:31,4 Mg:2,67 Ca:9,32 Fe:0,36 Zn:0,1 Col.:0 Hsr.:2,27

**Zutaten:**
Karotte (Frühkarotte) 300 g. / 300g. (empfehlenswert)
Wasser 6 EL / 50g. (ja)
Zucker Ursüße (Zuckerrohr) süß 1 TL / 3g. (wenig)
Gelatine weiss 1 Blatt / 3g. (wenig)
Orange 1/2 Stück / 50g. (wenig)
Zimtpulver 1 Prise / 0,2g. (ja)
Maiskeimöl 1/2 TL / 2g. (wenig)

**Kochanleitung:**
Die Karotten gründlich waschen, putzen, schälen und in Scheiben schneiden. In einem Topf etwa 6 EL Wasser zum Kochen bringen, die Karotten und den Rohrzucker hinzufügen und bei mittlerer Hitze in 10-15 Min. garen. Inzwischen die Gelatine ca. 10 Min. in kaltem Wasser einweichen. Die Orangenhälfte auspressen und den Saft mit dem Zimt und dem Öl vermischen. Die heißen Karotten mit dem Pürierstab zermusen und die Gelatine (alternativ: Agar-Agar verwenden) im heißen Mus auflösen. Den Orangensaft unterrühren. Eine Puddingform (¼ l Inhalt) mit kaltem Wasser ausschwenken, das Karottenmus einfüllen und im Kühlschrank ca. 3 Std. auskühlen lassen. Vor dem Essen stürzen und auf Zimmertemperatur erwärmen lassen.

## 3.23 Grießbrei mit Banane

Reguliert Magen-Darm-Funktion, befeuchtet Darm, entzündungshemmend, antiallergisch, kreislaufstabilisierend, kühlt innere Hitze, gut bei Durchblutungsstörungen.

Anzahl Portionen:  1
Kalorien p. Portion  307
Gramm p. Portion  284
Kochdauer ca.  15 Min.
Allergene:  AG
(Kohlehydrat:66,17% / Eiweiß & Fett:33,82%)
100g.≈ Eiweiß 10,578g. Fett:10,728g.
µg. - Ph:116,7 Na:93,56 Ka:218,89 Mg:28,56 Ca:92,08 Fe:0,64 Zn:0,36 Col.:7,61
Hsr.:12,85

### Zutaten:
Kuhmilch (Vollmilch 3,5 % Fett) 200 ml / 200g. (ja)
Dinkel Gries 3 EL / 30g. (empfehlenswert)
Butter Bio 1 TL / 4g. (wenig)
Banane 1/2 Stück / 50g. (empfehlenswert)

### Kochanleitung:
Die Hälfte der Milch in einem kleinen Topf erhitzen, Grieß zufügen und aufkochen. Bei schwacher Hitze unter ständigem Rühren 3 Min. ausquellen lassen. Den Topf vom Herd nehmen, nach und nach die übrige Milch mit dem Schneebesen unterschlagen und den Brei in ein Schälchen geben. Die Butter und die zermuste Banane zufügen. Für Erwachsene kann eine Prise Zimt darübergestreut werden.


## 3.24 Grießschnitten – auch für Babys ab 8. Monat

Reguliert Magen-Darm-Funktion, schont die Verdauungsorgane, entgiftet, wirkt bei Appetitlosigkeit, Blähungen, Darmentzündungen, liefert Vitamin C.

Anzahl Portionen:  1
Kalorien p. Portion  331
Gramm p. Portion  316
Kochdauer ca.  30 Min.
Allergene:  AG
(Kohlehydrat:71% / Eiweiß & Fett:29%)
100g.≈ Eiweiß 10,56g. Fett:9,96g.
µg. - Ph:74,67 Na:32,15 Ka:206,02 Mg:18,68 Ca:80,18 Fe:0,36 Zn:0,4 Col.:6,08
Hsr.:23,52

**Zutaten:**
Kuhmilch (Vollmilch 3,5 % Fett) 200 ml. / 200g. (ja)
Weizen Gries 30 g. / 30g. (ja)
Butter Bio 1 TL / 3g. (wenig)
Banane 80 g. / 80g. (empfehlenswert)
Orangensaft 1 TL / 3g. (wenig)

**Kochanleitung:**
Den Backofen auf 200 Grad (Gas Stufe 3) vorheizen. 125 ml Milch
aufkochen und den Grieß einrieseln lassen. Bei mittlerer Hitze dick
einkochen lassen. Die Butter unterrühren, den Brei in ein Ragout-Fin-
Förmchen streichen, im Backofen (Mitte) in ca. 15 Min. hellbraun
überbacken, die restliche Milch mit der Banane und dem Orangensaft
pürieren und alles in einen tiefen Teller geben. Den Brei herauslösen, in
Scheiben schneiden und neben die Soße legen.

## 3.25 Grundrezept für eine nahrhafte Gemüsebrühe

Senkt Blutdruck und Blutfett, bakterizid, stärkt Immunsystem, beugt
Krebs vor, stärkt Magen, löst Stagnation, fördert Gewichtsabnahme,
hilft bei Appetitlosigkeit, Blähungen, Bluthochdruck, Depressionen,
Diabetes, Durchfall.
Anzahl Portionen:  5
Kalorien p. Portion  48
Gramm p. Portion  240,6
Kochdauer ca.     2-3 Stunden
Allergene:        L
(Kohlehydrat:71,30% / Eiweiß & Fett:28,69%)
100g.≈ Eiweiß 1,567g. Fett:1,31434g.
µg. - Ph:4,86 Na:3,67 Ka:25,68 Mg:1,8 Ca:6,32 Fe:0,1 Zn:0,01 Col.:0 Hsr.:2,78

**Zutaten:**
Olivenöl 1 EL / 4g. (wenig)
Zwiebel weiss 1 Stück / 60g. (weniger als angegeben)
Karotte (Mohrrübe, Möhre) 3 Stück / 200g. (empfehlenswert)
Pastinake 150 g. / 150g. (ja)
Sellerie Knolle 1 Tasse / 100g. (ja)
Ingwer frisch 1/2 TL / 2g. (weniger als angegeben)
Zitrone 1/2 Stück / 25g. (weniger als angegeben)
Wacholderbeere 6 Stück / 6g. (ja)

Thymian getrocknet 1 Prise / 1g. (ja)
Liebstöckel 1 EL / 3g. (empfehlenswert)
Lorbeerblatt 2 Blätter / 1g. (empfehlenswert)
Salz 1 Prise / 1g. (weniger als angegeben)
Wasser 3/4 Liter / 650g. (ja)

## Kochanleitung:
Gemüse würfelig schneiden. Öl in einem Topf erhitzen, die Zwiebel und
das Gemüse darin anbraten, Ingwer und Lorbeer zugeben. Mit kaltem
Wasser aufgießen, Zitronensaft zufügen und mit Wacholder, Thymian
und Liebstöckel würzen. 2-3 Std. auf kleiner Stufe zugedeckt köcheln
lassen. Brühe durch ein Sieb streichen und im Kühlschrank
aufbewahren. Sie dient als Suppengrundlage und verfeinert Gemüse,
Hülsenfrüchte oder Getreide.

# 3.26 Karotten mit Kartoffelschnee –ab 8. Monat

Stärkt Blut, Nerven, Milz und Leber, senkt Blutdruck, bakterizid, stärkt
Immunsystem, verbessert Verdauung, regeneriert Haut, harntreibend,
senkt Cholesterinspiegel, fördert Stuhl und Urin.

Anzahl Portionen:  1
Kalorien p. Portion  316
Gramm p. Portion  322
Kochdauer ca.  30 Min.
Allergene:  G
(Kohlehydrat:21% / Eiweiß & Fett:79%)
100g.≈ Eiweiß 11,65g. Fett:15,45g.
µg. - Ph:48,48 Na:21,61 Ka:208,2 Mg:18,25 Ca:23,85 Fe:1,22 Zn:0,5 Col.:15,53
Hsr.:26,24

## Zutaten:
Karotte (Frühkarotte) 150 g. / 150g. (empfehlenswert)
Schwein Fleisch 40 g. / 40g. (ja)
Kartoffel (mehlige) 100 g. / 100g. (empfehlenswert)
Butter Bio 1 EL / 10g. (wenig)
Honig 1/2 TL / 2g. (wenig)
Anis (gemeiner Fenchel) 1 Prise / 0,2g. (wenig)
Wasser 2 EL / 20g. (ja)

## Kochanleitung:
Die Karotten putzen, gründlich waschen, dünn schälen und in dünne
Scheiben schneiden. Das Fleisch in Streifen schneiden. Die Kartoffeln
waschen, in einem kleinen Topf mit wenig Wasser in etwa 15 Min.
garen. Die Hälfte der Butter in einem Topf zerlassen, die Karotten und
das Fleisch darin andünsten. Wenn nötig, noch 2-3 EL Wasser

hinzufügen, den Deckel auflegen und alles bei schwacher Hitze in etwa 15 Min. garen. Den Honig, den Anis und die restliche Butter dazugeben und den Topf von der Kochstelle nehmen. Die Kartoffeln pellen und mit der Kartoffelpresse direkt auf den Teller drücken. Die Honigkarotten darüber verteilen.

## 3.27 Karotten-Reis mit Hühnerfleisch –ab 8. Monat

Stärkt Milz, Leber und Magen, senkt Blutdruck, bakterizid, stärkt Immunsystem, Blut, Knochenmark und Muskeln, liefert Vitamin C.

Anzahl Portionen: 2
Kalorien p. Portion 115
Gramm p. Portion 248
Kochdauer ca. 30 Min.
Allergene: G
(Kohlehydrat:55% / Eiweiß & Fett:45%)
100g.≈ Eiweiß 6,31g. Fett:6,15g.
µg. - Ph:11,9 Na:3,26 Ka:18,77 Mg:4,01 Ca:4,91 Fe:0,24 Zn:0,08 Col.:2,24 Hsr.:6,93

**Zutaten:**
Karotte (Frühkarotte) 150 g. / 150g. (empfehlenswert)
Huhn Fleisch 40 g. / 40g. (empfehlenswert)
Butter Bio 2 TL / 6g. (wenig)
Wasser 250 ml. / 250g. (ja)
Reis Rundkornreis 30 g. / 30g. (ja)
Orangensaft 2 EL / 20g. (wenig)

**Kochanleitung:**
Die Karotten putzen, waschen, schälen und auf einer Reibe grob raspeln. Das Hühnerbrustfilet in kleine Würfel schneiden, in 1 TL Butter andünsten, die Karotten und den Reis dazugeben. Mit ¼ l Wasser aufgießen, zum Kochen bringen und bei schwacher Hitze in etwa 20 Min. garen. Den Karotten-Reis auf einen Warmhalteteller füllen, die restliche Butter und den Orangensaft unterziehen.

## 3.28 Kohlrabi Zweierlei – auch für Babys ab 8. Monat

Harntreibend, harmonisiert Magen und Darm, leitet Darmwinde ab, verbessert Verdauung, regeneriert Haut, senkt Cholesterinspiegel.

Anzahl Portionen: 1
Kalorien p. Portion 278
Gramm p. Portion 285
Kochdauer ca. 25 Min.
Allergene: CG
(Kohlehydrat:47% / Eiweiß & Fett:53%)
100g.≈ Eiweiß 9,09g. Fett:16,54g.
µg. - Ph:95,3 Na:22,19 Ka:332,32 Mg:30,81 Ca:50,63 Fe:1,25 Zn:0,6 Col.:118,95
Hsr.:21,58

### Zutaten:
Kohlrabi 1/2 Stück / 150g. (wenig)
Kartoffel 100 g. / 100g. (empfehlenswert)
Butter Bio 1 EL / 10g. (wenig)
Huhn Eigelb 1 Stück / 25g. (wenig)

### Kochanleitung:
Die Blätter vom Kohlrabi entfernen, die Knolle und die zartesten Blätter sowie die Kartoffeln gründlich waschen. Kohlrabi und Kartoffeln schälen und in etwa 1 cm große Würfel schneiden. Die Hälfte der Butter in einem kleinen Topf zerlassen, den Kohlrabi und die Kartoffeln dazugeben und darin dünsten. Mit 2 EL Wasser im geschlossenen Topf bei schwacher Hitze etwa 15 Min. dünsten. Inzwischen die zartesten Kohlrabiblätter von den Stielen befreien und sehr fein hacken. Insgesamt sollten höchstens 2 EL Blattstückchen verwendet werden. Diese etwa 5 Min. vor Ende der Garzeit zum Gemüse geben und mitkochen. Das Eigelb unterrühren und nochmals kurz aufkochen lassen. Das Gemüse auf einen Teller füllen und mit der restlichen Butter und dem Eigelb vermischen. Für das Baby alles mit einer Gabel grob zerdrücken.

## 3.29 Kompott aus einheimischem Obst und Trockenfrüchten

Fördert Verdauung und Durchblutung, harntreibend, stoppt Durchfall, regt Appetit an, erwärmt Magen und Milz.

Anzahl Portionen: 4
Kalorien p. Portion 45
Gramm p. Portion 200,5
Kochdauer ca. 15 Min.
(Kohlehydrat:94% / Eiweiß & Fett:6%)
100g.≈ Eiweiß 0,3g. Fett:0,3g.
µg. - Ph:0,3 Na:0,1 Ka:3,15 Mg:0,19 Ca:0,4 Fe:0,01 Zn:0,01 Col.:0 Hsr.:0,35

**Zutaten:**
Apfel (süß) 1 Stück / 150g. (ja)
Birne 1 Stück / 150g. (empfehlenswert)
Zimtpulver 1 Prise / 0,2g. (ja)
Zitrone Schale 1/2 TL / 2g. (weniger als angegeben)
Wasser 1/2 Liter / 500g. (ja)

**Kochanleitung:**
Den Apfel und die Birne mit den Trockenfrüchten weich kochen und mit Zimt und Zitronenschale (bio) bestreuen.

## 3.30 Nudelsuppe – auch für Babys ab 10. Monat

Schont die Verdauungsorgane, entgiftet, senkt Blutdruck, bakterizid, stärkt Immunsystem, Muskeln, Sehnen und Knochen, regt Leberfunktion an. Wirkt bei Appetitlosigkeit und Blähungen.

Anzahl Portionen: 8
Kalorien p. Portion 236
Gramm p. Portion 303,88
Kochdauer ca. 1 1/2 Stunden
Allergene: ACEGL
(Kohlehydrat:64% / Eiweiß & Fett:36%)
100g.≈ Eiweiß 14,74g. Fett:5,04g.
µg. - Ph:1,07 Na:0,71 Ka:2,97 Mg:0,29 Ca:0,49 Fe:0,02 Zn:0,02 Col.:0,34 Hsr.:0,89

**Zutaten:**
Rind Suppenfleisch 300 g. / 300g. (ja)
Wasser 1 Liter / 900g. (ja)
Lorbeerblatt 1 Stück / 1g. (empfehlenswert)
Karotte (Mohrrübe, Möhre) 300 g. / 300g. (empfehlenswert)
Sellerie Stangensellerie 1 Staude / 200g. (ja)
Blumenkohl (Karfiol) 300 g. / 300g. (empfehlenswert)
Petersilie 1 Bund / 100g. (ja)

Nudeln (Weizen) mit Ei 300 g. / 300g. (ja)
Butter Bio 1 EL / 10g. (wenig)
Salz 1 TL / 2g. (weniger als angegeben)
Sojasauce 1 EL / 8g. (weniger als angegeben)
Tomatenmark 1 EL / 10g. (ja)

**Kochanleitung:**
Das Fleisch abwaschen und im Wasser mit dem Lorbeerblatt bei
schwacher Hitze etwa 30 Min. köcheln lassen. Die Karotten schälen
und in Scheiben schneiden. Von der Selleriestaude das untere Ende
und die Blätter abtrennen. Die Stiele waschen, die zähen Fäden
abziehen und die Stiele in etwa 1 cm dicke Scheiben schneiden.
Rosenkohl waschen, putzen und dabei die Röschen von unten
kreuzweise einschneiden. Die Petersilie waschen und klein schneiden.
Rosenkohl und Karottenscheiben zur Suppe geben und alles etwa 30
Min. weiterkochen. Nach etwa 10 Min. den Sellerie samt grünen
Blättern sowie die Nudeln dazugeben. Zum Schluss Lorbeerblatt und
Selleriegrün entfernen. Für das Baby etwa 200-250 g Karotten, Sellerie
und Nudeln mit Brühe abnehmen. Etwa 35 g Fleisch fein hacken und
zur Babysuppe geben. Butter und 1 TL gehackte Petersilie unterrühren.
Die restliche Suppe mit Salz, Sojasoße, Tomatenmark und der
restlichen Petersilie würzen. Das Fleisch herausheben, von Fett und
Knochen befreien und würfeln und in der Suppe servieren.

# 3.31 Rahmkartoffeln mit Blumenkohl –ab 8. Monat

Verbessert Verdauung, regeneriert die Haut, harntreibend, senkt
Cholesterinspiegel, befeuchtet Darm, kühlt innere Hitze, regt
Leberfunktion an, entgiftet.

Anzahl Portionen:   1
Kalorien p. Portion  332
Gramm p. Portion   278
Kochdauer ca.       30 Min.
Allergene:           CG
(Kohlehydrat:47% / Eiweiß & Fett:53%)
100g.≈ Eiweiß 9,48g. Fett:20,8g.
µg. - Ph:102,68 Na:15,63 Ka:286,55 Mg:16,92 Ca:38,58 Fe:1,04 Zn:0,6 Col.:122,59
Hsr.:17,7

**Zutaten:**
Kartoffel 150 g. / 150g. (empfehlenswert)
Blumenkohl (Karfiol) 50 g. / 50g. (empfehlenswert)
Kuhmilch (Vollmilch 3,5 % Fett) 3 EL / 30g. (ja)
Sahne, süß 30% 1 EL / 10g. (weniger als angegeben)
Butter Bio 1 TL / 10g. (wenig)
Petersilie 1 TL / 3g. (ja)
Huhn Eigelb 1 Stück / 25g. (wenig)

**Kochanleitung:**
Die Kartoffeln unter fließendem Wasser, den Blumenkohl in stehendem
Wasser gründlich waschen. Blumenkohl in kleine Röschen teilen, die
Stiele in etwa 1 cm große Stücke schneiden. Kartoffeln schälen und in
etwa 2 cm große Würfel schneiden. Die Milch mit der Sahne in einem
Topf erhitzen, Kartoffeln und Blumenkohl zufügen und bei schwacher
Hitze in etwa 15 Min. garen. Das Gemüse auf einen Teller geben,
Butter, gehackte Petersilie und das Eigelb hinzufügen und alles mit
einer Gabel leicht verkneten und mischen.

## 3.32 Reispudding

Reguliert Magen-Darm-Funktion, stärkt Milz, Magen und Muskeln,
liefert Vitamin C.
Anzahl Portionen: 1
Kalorien p. Portion 316
Gramm p. Portion 329
Kochdauer ca. 2 Stunden und Allergene: G
(Kohlehydrat:75,96% / Eiweiß & Fett:24,04%)
100g.≈ Eiweiß 9,262g. Fett:7,358g.
µg. - Ph:91,08 Na:31,47 Ka:222,68 Mg:30,22 Ca:77,57 Fe:0,44 Zn:0,42 Col.:3,65
Hsr.:17,51

**Zutaten:**
Kuhmilch (Vollmilch 3,5 % Fett) 200 ml. / 200g. (ja)
Reis Rundkornreis 25 g. / 25g. (ja)
Banane 100 g. / 100g. (empfehlenswert)
Rote Grütze (ohne Zucker) 2 TL / 4g. (ja)

**Kochanleitung:**

Die Hälfte der Milch in einem kleinen Topf zum Kochen bringen. Den Reis einstreuen und bei schwacher Hitze etwa 15 Min. kochen lassen. Die Banane schälen, mit dem Pürierstab fein zermusen und den Rote-Bete-Saft dazugeben. Das Bananenmus unter den heißen Reis ziehen. Eine hübsche Puddingform (ca. ¼ l Inhalt) mit kaltem Wasser ausschwenken, den Bananenreis in die Form füllen und den Pudding bei Zimmertemperatur ausquellen lassen. Nach etwa 3 Std. ist er fest und kann gestürzt werden. Die restliche Milch als Getränk dazugeben.

## 3.33 Spinat-Flan mit Milch - auch für Babys ab 12 Monate

Verbessert Verdauung, harntreibend, senkt Cholesterinspiegel, beruhigt Nerven und Magen, leicht abführend, fördert Ausscheidung, fördert Durchblutung, stärkt Magen-Darm-Funktion.

Anzahl Portionen:    1
Kalorien p. Portion  250
Gramm p. Portion     274
Kochdauer ca.        1 Stunde
Allergene:           ACG
(Kohlehydrat:44% / Eiweiß & Fett:56%)
100g.≈ Eiweiß 13,9g. Fett:13,01g.
µg. - Ph:95,76 Na:58,78 Ka:245,59 Mg:18,53 Ca:59,33 Fe:1,23 Zn:0,61 Col.:97,66
Hsr.:17,77

**Zutaten:**

Kartoffel 100 g. / 100g. (empfehlenswert)
Spinat 50 g. / 50g. (empfehlenswert)
Huhn Ei 1 Stück / 65g. (wenig)
Brösel (Weizenbrot, Semmel) 1 TL / 3g. (ja)
Kuhmilch (Vollmilch 3,5 % Fett) 6 EL / 50g. (ja)
Creme fraiche 1 TL / 3g. (weniger als angegeben)
Butter Bio 1 TL / 3g. (wenig)

**Kochanleitung:**

Die Kartoffeln waschen und mit wenig Wasser in etwa 20 Min. garen. Den frischen Spinat putzen und in wenig kochendes Wasser geben (den gefrorenen unaufgetaut), wieder aufkochen und etwa 2 Min. sprudelnd kochen lassen. Den Spinat abtropfen lassen und pürieren. Die Kartoffeln schälen und durch die Kartoffelpresse drücken oder mit dem Kartoffelstampfer zerdrücken. Mit Spinat, Ei und Semmelbröseln verrühren. Eine kleine, feuerfeste Form (Inhalt etwa 300 ml) mit der Butter ausfetten und das Gemüsemus einfüllen. Die Form in einen Topf stellen und so viel Wasser in den Topf gießen, dass die Form zu zwei Dritteln im Wasserbad steht. Zugedeckt bei mittlerer Hitze etwa 15 Min. kochen lassen. Die Milch mit der Crème fraîche erwärmen, den Spinat-Flan auf einen Teller stürzen und mit der Milch umgießen.

## 3.34 Trauben-Kompott – auch für Babys ab 8. Monat

Beruhigt Magen, stärkt Sehnen und Knochen, harntreibend, fördert Verdauung.

Anzahl Portionen: 1
Kalorien p. Portion 128
Gramm p. Portion 183
Kochdauer ca. 10 Min.
Allergene: H
(Kohlehydrat:87% / Eiweiß & Fett:13%)
100g.≈ Eiweiß 1,62g. Fett:2,07g.
µg. - Ph:23,85 Na:1,89 Ka:169,43 Mg:11,15 Ca:19,67 Fe:0,48 Zn:0,1 Col.:0 Hsr.:17,05

**Zutaten:**
Trauben rot 150 g. / 150g. (ja)
Wasser 4 EL / 30g. (ja)
Mandeln 1 TL / 3g. (weniger als angegeben)

**Kochanleitung:**
Die Trauben von den Stielen lösen, in warmem Wasser gründlich waschen und abtropfen lassen. Die Trauben halbieren (für Babys die Kerne entfernen). In einem kleinen Topf 4 EL Wasser mit den Trauben und den geriebenen Mandeln zum Kochen bringen. Bei schwacher Hitze ca. 3 Min. kochen lassen und dann kalt stellen (für Babys handwarm).

## 3.35 Traubensaft (frisch, selbstgemacht)

Beruhigt Magen, stärkt Sehnen und Knochen, harntreibend, fördert Verdauung.

Anzahl Portionen: 2
Kalorien p. Portion 73
Gramm p. Portion 100
Kochdauer ca. 15 Min.
(Kohlehydrat:94% / Eiweiß & Fett:6%)
100g.≈ Eiweiß 0,7g. Fett:0,3g.
µg. - Ph:5 Na:0,5 Ka:47,5 Mg:2,25 Ca:4,5 Fe:0,25 Zn:0 Col.:0 Hsr.:5

**Zutaten:**
Trauben weiß 400 g. / 200g. (ja)

**Kochanleitung:**
Für etwa 200 ml Saft 400 g weiße Trauben (ersatzweise Beeren oder Steinobst) vom Stängel zupfen, gründlich waschen, abtropfen lassen und halbieren. In den Siebeinsatz des Schnellkochtopfes füllen. Auf den Boden des Topfes etwa 2 cm hoch Wasser einfüllen, das Einsatzkreuz, die Saftschale (Zubehör) und den Siebeinsatz mit den Trauben übereinander stapeln, den Topf schließen und die Trauben etwa 12 Min. lang entsaften.

## 3.36 Vegetarischer Gemüsebrei - ab 8. Monat

Stoppt Durchfall, fördert Verdauung, regt Appetit an, lindert Diarrhö, stärkt Milz und Leber, bakterizid, stärkt Immunsystem, liefert Vitamin C, harntreibend, aufbauend, augenstärkend, entgiftend, gewebestärkend, nervenstärkend.

Anzahl Portionen:  1
Kalorien p. Portion  261
Gramm p. Portion  263
Kochdauer ca.  20 Min.
Allergene:  C
(Kohlehydrat:66% / Eiweiß & Fett:34%)
100g.≈ Eiweiß 6,58g. Fett:10,83g.
µg. - Ph:87,76 Na:16,36 Ka:133,93 Mg:22,13 Ca:34,24 Fe:2,19 Zn:0,78 Col.:95,83
Hsr.:15,44

**Zutaten:**
Karotte (Frühkarotte) 100 g. / 100g. (empfehlenswert)
Hirseflocken 20 g. / 20g. (empfehlenswert)
Huhn Eigelb 1 Stück / 20g. (wenig)
Orangensaft 2 EL / 20g. (wenig)
Apfel (süß) 1 Stück / 100g. (ja)
Maiskeimöl 1 TL / 3g. (wenig)

**Kochanleitung:**
Die Karotten waschen, schälen, kleinschneiden und in 150 ml Wasser zum Kochen bringen. Bei schwacher Hitze in 15 Min. garen. Die Hirseflocken einstreuen und das Eigelb zugeben. Den Brei unter ständigem Rühren aufkochen lassen und vom Herd nehmen. Den Apfel waschen, schälen und kleinschneiden. Mit dem Orangensaft in den Brei geben und mit dem Pürierstab fein zerkleinern. Den Brei auf einen

Teller füllen, die Butter oder das Öl zugeben und gut verrühren. (Nur 1 Eigelb pro Woche, sonst die Fettmenge auf 1 EL Butter oder Öl erhöhen.)

## 3.37 Vegetarischer Gemüse-Getreide-Kartoffelbrei

Verbessert Verdauung, regeneriert Haut, harntreibend, senkt Cholesterinspiegel, lindert Verstopfung, produziert Muttermilch.

Anzahl Portionen: 2
Kalorien p. Portion 91
Gramm p. Portion 109
Kochdauer ca. 25 Min.
Allergene: A
(Kohlehydrat:61% / Eiweiß & Fett:39%)
100g.≈ Eiweiß 1,89g. Fett:4,42g.
µg. - Ph:13,11 Na:2,56 Ka:62,42 Mg:5,72 Ca:8,05 Fe:0,26 Zn:0,13 Col.:0 Hsr.:5,15

**Zutaten:**
Karotte (Frühkarotte) 30 g. / 30g. (empfehlenswert)
Pastinake 30 g. / 30g. (ja)
Zucchini 30 g. / 30g. (empfehlenswert)
Fenchel 10 g. / 10g. (empfehlenswert)
Kartoffel 50 g. / 50g. (empfehlenswert)
Wasser 20 g. / 20g. (ja)
Hafer Flocken (Vollkorn) 10 g. / 10g. (empfehlenswert)
Orangensaft 30 g. / 30g. (wenig)
Rapsöl 8 g. / 8g. (wenig)

**Kochanleitung:**
Das Gemüse und die Kartoffeln waschen, würfeln und in wenig Wasser dünsten. Wasser und Haferflocken zugeben, alles pürieren und schließlich das Öl untermengen. Hinweis: Dieser Brei ersetzt den Gemüse-Kartoffel-Fleisch-Brei, wenn in der Ernährung des Säuglings auf Fleisch verzichtet werden soll. Da Fleisch die beste Nahrungsquelle für Eisen ist, muss bei vegetarischer Ernährung besonders auf eine ausreichende Eisenversorgung geachtet werden.

## 3.38 Vollmilch-Getreide-Brei - auch für Babys ab 8. Monat

Entzündungshemmend, antiallergisch, kreislaufstabilisierend, stoffwechselregulierend. Senkt Blutzucker und Cholesterin, befeuchtet Darm, kühlt innere Hitze.

Anzahl Portionen: 1
Kalorien p. Portion 205
Gramm p. Portion 290
Kochdauer ca. 20 Min.
Allergene: AG
(Kohlehydrat:60% / Eiweiß & Fett:40%)
100g.≈ Eiweiß 8,98g. Fett:7,66g.
µg. - Ph:96,41 Na:73 Ka:144,97 Mg:18,31 Ca:88,66 Fe:0,41 Zn:0,33 Col.:4,14 Hsr.:6,62

**Zutaten:**
Kuhmilch (Vollmilch 3,5 % Fett) 200 ml. / 200g. (ja)
Wasser 50 ml. / 50g. (ja)
Dinkel Flocken 20 g. / 20g. (empfehlenswert)
Obstmischung Fruchtsaft 20 g. / 20g. (wenig)

**Kochanleitung:**
Die Milch mit den Vollkornflocken aufkochen und quellen lassen. Das pürierte Obst dazugeben. Wechseln Sie zwischen Weizen, Hafer und Dinkelvollkornflocken sowie die Obstsorten. So erhalten Sie eine Vielfalt an Geschmacksrichtungen.

# 4 Wirkung der Lebensmittel

## 4.1 Zutaten verwenden: empfehlenswert

Apfelmus
Aprikose
Aubergine
Avocado
Banane
Beeren der Saison
Birne
Blumenkohl (Karfiol)
Brokkoli
Brombeere
Dill
Dinkel
Dinkel Brot
Dinkel Flocken
Dinkel Gries
Dinkel Vollkornmehl
Fenchel
Fenchelsamen gemahlen
Fencheltee
Flaschenkürbis
Gurke
Hafer
Hafer Flocken (Vollkorn)
Hafer Flocken geröstet
Hafer Mehl
Hafer Schmelzlocken (Babynahrung)
Heidelbeere
Himbeere
Hirse
Hirseflocken
Hokkaidokürbis
Holunderbeeren
Honigmelone

Huhn Fleisch
Kamille
Karotte (Frühkarotte)
Karotte (Mohrrübe, Möhre)
Karottensaft ohne Zucker
Kartoffel
Kartoffel (mehlige)
Kompott (Früchte der Saison)
Kräuterteemischung
Kümmel
Kümmel gemahlen
Kürbis
Liebstöckel
Lindenblütentee
Lorbeerblatt
Mais
Mais (Schnellpolenta)
Mais Gries (Polenta)
Mais Mehl (Maizena)
Petersilienwurzel
Pute Brustfleisch
Rind (Kalb)
Rind Fleisch
Schwarzkümmel
Spinat
Wachskürbis
Wassermelone
Weizen Gries - Kindergries
Zucchini
Zucker Fructose Fruchtzucker
Zucker Glukose Traubenzucker
Zwieback

## 4.2 Zutaten verwenden: ja

Amaranth
Apfel (sauer)
Apfel (süß)
Baldrian
Banane Kochbanane
Basilikum
Basilikum (frisch)
Bataviasalat
Birnensaft
Brösel (Weizenbrot, Semmel)

Brot mit Johannisbrotkernmehl
Brötchen (Semmel)
Bulgur (Getreide)
Couscous
Cranberries
Datteln rot
Erdbeere
Feige
Früchtetee
Gemüsesaft

Gerste
Gerste (Nacktgerste)
Gerste (Perlgerste)
Gerstengraupen
Gerstengrütze
Hafer Milch
Hafer Schrot
Hagebuttentee
Hammel
Hase
Hase, wild
Hibiskustee
Himbeerblättertee
Holunderblütentee
Jasminblütentee
Johannisbeere (rot)
Johannisbeere (schwarz)
Johannisbeere (weiß)
Johannisbrotkernmehl
Kaninchen Fleisch
Kapuzinerkresse
Kardamom
Kartoffelmehl
Käsepappeltee
Kerbel
Kerbel getrocknet
Klettenwurzeltee
Kohlrübe
Koriander
Koriandergrün
Kräuter der Provence
Kräuter verschiedene
Kräuter Wildkräuter
Kresse
Kuhmilch (1,5 % Fett)
Kuhmilch (Vollmilch 3,5 % Fett)
Lamm Fleisch
Lamm Knochen
Lamm Schulter
Laugengebäck
Lavendelblüten
Leberglättertee
Liebstöckelsamen
Löffelbiskuit
Löwenzahn (junger)
Löwenzahnsaft
Magermilchpulver
Maishaartee
Maisstärke
Majoran
Malventee
Mangold
Margarine
Margarine (Diät)

Maulbeerfrucht
Mehrkornbrot (Graubrot)
Melisse
Moosbeere
Muskatnuss
Nelke
Nudeln (Weizen) mit Ei
Nudeln (Weizen, Bandnudeln) mit Ei
Nudeln (Weizen, Lasagneblätter) mit Ei
Oregano frisch
Palmöl
Paprika
Passionsblumenblütentee
Passionsfrucht (Maracuja)
Pastinake
Petersilie
Pfefferminze
Pfefferminztee
Pfeilwurzelmehl
Pfirsich
Pfirsich (Dose)
Preiselbeere
Preiselbeersaft
Puddingpulver Vanille
Pute Schinken
Quinoa
Quitte
Reis Basmatireis
Reis Duftreis
Reis Gaoliangreis (Sorghum)
Reis Klebreis
Reis Langkornreis
Reis Reisschleim
Reis Roter
Reis Rundkornreis
Reis Sorte beliebig
Reis Süßer
Reismalz
Reismehl
Reisnudeln
Reisstärke
Rettich (weiß, grün, lila-rot)
Rettich schwarz
Rettichblätter (vom Wochenmarkt)
Rhabarber
Rind Filet
Rind Fleischknochen
Rind Suppenfleisch
Roggen
Roggenmehl
Rosenblättertee
Rosenblütentee
Rosmarin
Rote Grütze (ohne Zucker)

Rote Rübe
Safran
Sago (Getreide)
Salbei
Sanddorn
Sauerampfer
Sauerteig
Schaffleisch
Schafgarbe
Schafgarbentee
Schafsmilch
Schlehdorn
Schwarzwurzel
Schwedenkraut (Schwedenbitter)
Schwein Fleisch
Schwein Haxe (Eisbein)
Schwein Schinken
Schwein Schinken gekocht
Schwein Schinken geselcht
Sellerie Knolle
Sellerie Stangensellerie
Sojamehl
Soja-Nudeln
Spargel (grün oder weiß)
Speiserüben
Spitzwegerichtee
Stachelbeere
Sternanis
Stutenmilch
Süßholzwurzeltee
Süßkartoffel
Taube
Thymian
Thymian getrocknet
Tomate
Tomatenmark

Tomatenpüre
Trauben rot
Trauben weiß
Tsampa (geröstetes Gerstenmehl)
Vanille
Vanillepulver
Vanilleschote
Wacholderbeere
Wachtel
Walderdbeeren
Wasser
Wasser heiss
Weißbrot (Weizenbrot)
Weißbrot Baguette
Weißbrot Brösel (Weizenbrot)
Weißbrot Knödelbrot (Weizenbrot)
Weißbrot Semmel
Weißdorn
Weißwurz
Weizen
Weizen Bulgurweizen
Weizen Fladenbrot
Weizen Flocken
Weizen Gries
Weizen Mehl
Yamswurzel, Yamswurzelknolle
Ysop
Ziege
Ziegen- und Schafsmilch
Zimtpulver
Zimtstange
Zitronengras
Zitronenmelisse (frisch)
Zitronenmelisse (getrocknet)
Zucker Milchzucker

## 4.3 Zutaten verwenden: wenig

Ahornsirup
Aloesaft
Anis (gemeiner Fenchel)
Apfelsaft (Naturtrüb)
Aprikose getrocknet
Aprikosen Marmelade
Aprikosennektar
Bärlauch (Knoblauchspinat)
Bier (alkoholfrei)
Brombeermarmelade
Buchweizen (geröstet) Kasha
Butter (halbfett)
Butter Bio
Erdbeermarmelade
Fruchtzucker (Fruktose,

Traubenzucker)
Gelatine weiss
Heidelbeere getrocknet
Heidelbeermarmelade
Heidelbeersaft
Himbeermarmelade
Honig
Huhn Ei
Huhn Eigelb
Huhn Eiweiß
Johannisbeermarmelade (rot)
Johannisbeermarmelade (schwarz)
Johannisbeernektar (schwarz)
Kohlrabi
Kürbiskernöl

Lauch (Porree)
Lauchzwiebel Schnittlauch
Leinöl
Maiskeimöl
Mango
Mangopulver
Mangosaft
Maniokmehl
Marillen
Marillensaft
Mirabelle
Nektarine
Nudeln (Vollkorn) mit Ei
Obstmischung Fruchtsaft
Olivenöl
Orange
Orangensaft
Pflaume
Preiselbeermarmelade
Radieschen
Rapsöl
Reis Schwarzer
Reis Vollkorn
Reis Wilder (Naturreis)
Rettich Meerrettich (Kren)
Sauerkirsche
Senfsamen
Sesamöl

Sesamöl geröstet
Sojabohnenmilch
Sojaöl
Sonnenblumenöl
Toastbrot (Vollkorn)
Tomatensaft
Traubenkernöl
Traubensaft rot
Traubensaft weiß
Umeboshipflaumen (Japanaprikosen)
Vanillezucker natur
Vollkornbrot
Vollkornbrot mit ganzen Körner
Vollkornmehl
Walnussöl
Weizen Mehl Vollkorn
Weizen/Roggen Grau- Schwarzbrot mit Hefe
Weizenkeimöl
Zucker (Staubzucker)
Zucker (weiß, aus Rüben)
Zucker braun
Zucker Kandis weiß
Zucker Melasse
Zucker Palmzucker
Zucker Ursüße (Zuckerrohr) süß
Zwetschken

## 4.4 Kontraindikativ wirkende Lebensmittel nicht verwenden

Aal
Aal geräuchert
Acerola Fruchtnektar oder Pulver
Adzukibohnen
Agar-Agar, Agartang
Agavendicksaft
Amaranth POPS
Ananas
Ananas (aus der Dose)
Ananassaft ungezuckert
Andornkraut
Angelikawurzel
Artischocke
Astronautenkost
Austern
Austernpilze
Austernschalenpulver
Backpulver
Bambussprossen
Barsch
Beerensaft
Benediktinerdistel

Berberitzenrindetee
Bier (alkoholarm)
Bier (Altbier)
Bier (Pils)
Bitter Lemon
Bitterklee
Bitterlikör
Bitterorangenschale
Blätterteig
Blattsalate (bitter)
Blütenpollen
Bocksdornfrüchte (Fructus Lycii) getrocknet
Bockshornklee
Bohnen (grün, frisch)
Bohnenkraut
Bohnenöl
Borretschöl
Boxhornkleesamen
Bratöl
Brennnessel
Brie

Brombeerblätter
Brombeere getrockent (unreife)
Buchweizen
Buchweizen Vollkorn
Buschbohnen
Butterbohnen weiße
Buttermilch
Butterschmalz
Calamari
Camembert
Campari
Cashewnüsse
Champignon
Chicorée
Chili (Schote oder gemahlen)
Chinakohl
Chlorella (Süßwasser)
Chrysanthemenblütentee
Clementinen
Colagetränk
Colagetränk (kalorienarm)
Creme fraiche
Cumin (Kreuzkümmel)
Curry
Currypaste rot
Datteln getrocknet
Distelöl
Dornhai (Seeaal, Schillerlocken)
Dorsch
Dulse (Lappentang)
Edamer
Eibennuss
Eisbergsalat
Emmentaler
Endiviensalat
Ente (Frühmastente, schlachtfrisch)
Ente (Herz)
Entenei
Erbse, grün
Erbsen
Erdbeersaftgetränk
Erdnuss (geröstet)
Erdnussbutter
Erdnüsse
Erdnussöl
Essig (Apfelessig)
Essig (Rotweinessig)
Essig Aceto Balsamico
Essig Aceto Balsamico weiss
Essiggurke
Estragon
Färberdiestel (Hong Hua)
Färberginsterkraut
Fasan

Feige getrocknet
Feldsalat
Fernet Branca (Kräuterbitterlikör)
Feta
Fisch Innereien
Fischreste
Fischsouce
Fischstücke gemischt (Süßwasser)
Flohsamen
Flunder
Forelle
Forelle (geräuchert)
Frischkäse
Frischkäse aus Soja
Frischkäse mit Kräuter
Gagelpflaume
Galgant
Gans
Gans (Gänseklein)
Gans (Gänseschmalz)
Gänseblümchen
Gänseblut
Gänseei
Garam Masala Pulver
Garnele
Gelee Royal
Getreidekaffee
Gewürznelke
Ginkgofrucht
Ginsenglikör
Ginsengwurzel
Glühweingewürzmischung
Gorgonzola
Gouda
Granatapfel
Grapefruit getrocknete Schale
Grapefruit/Pampelmuse/Pomelo
Grapefruitsaft
Graskarpfen
Grundrezept für eine Entenbrühe
Grundrezept für eine Fischbrühe
Grüner Tee
Grünkern
Guave
Gurke (bitter)
Gurke (Gewürzgurke)
Hagebutte
Haifisch
Haselnüsse
Hefe
Heilbutt
Hering
Hijiki
Himbeere getrocknet (unreife)

Hirsch Fleisch
Hirsch Knochen
Hirsch Nieren
Honigwein (Met)
Hopfen
Huhn Blut
Huhn Herz
Huhn Leber
Huhn Magen
Hummer
Hüttenkäse
Ingwer frisch
Ingwer Pulver
Ingweröl
Jakobstränen
Joghurt (natur, 1,5 % Fett)
Joghurt (natur, 3,5 % Fett)
Kabeljau
Kaffee
Kaffeeweißer
Kakao
Kaki-Pflaume
Kaktusfeige
Kalmus
Kaninchen Leber
Kapern (eingelegt)
Karambole/Sternfrucht
Karausche
Karpfen
Kastanien (Maronen)
Kaviar
Kefir
Kichererbsen
Kirsche
Kirsche (sauer)
Kirschenkompott
Kirschsaft
Kiwi
Klementine
Knäckebrot
Knoblauch
Kokosfett
Kokosflocken
Kokosmilch
Kokosnussfleisch
Kokosraspeln
Kombualge
Kopfsalat
Korinthen (rot)
Korinthen (schwarz)
Krabbe
Krake
Kräuter bittere
Kukichatee

Kumquat
Kürbiskerne
Kurkuma (Gelbwurz)
Kuzu
Lachs
Lamm Leber
Lamm Nieren
Languste
Leinsamen
Leinsamen (geschrotet)
Limabohnen
Linsen (Helmbohnen)
Linsen gelb
Linsen rot
Linsen schwarz
Longane
Loquate/Japanische Mispel
Lotossamen
Lotoswurzeln
Löwenzahnwurzeltee
Luohan-Frucht
Lychee
Lychee (Konserve)
Lycheelikör
Mais (geröstet)
Makannastern Samen
Makrele
Malz
Malzbier
Mandarine
Mandelmilch
Mandelmus
Mandeln
Mandeln Marzipan
Martini
Mayonnaise 50%
Mayonnaise 80%
Meeräsche
Meereskrebs
Miesmuscheln
Mineralwasser
Miso
Miso schwarz (fermentiert)
Mispel
Mittelmeerfisch (Kabeljau, Scholle,
Schellfisch, Mixed Pickels
Mohn
Molke
Morchel (schwarz, getrocknet)
Mozzarella
Mu-Erh-Pilz
Mungbohne
Mungbohnensprossen
Müsli

Nachtkerzenöl
Nierenbohnen (rote)
Nori, Purpurtang, Rotalge
Nudeln (Weizen, Spagetti) mit Ei
Odermennig
Okra
Oliven
Oliven grün
Orange abgeriebene Schale
Orange getrocknete Schale
Orange Schale
Orangenblüten
Orangenmarmelade
Oregano getrocknet
Paprika (Rosenpaprikapulver)
Paprika (süß)
Paranuss
Parmesan
Peperoni
Peperoni, gelb, entkernt, halbiert
Peperoni, rot, entkernt, halbiert
Pfeffer Cayenne
Pfeffer Körner
Pfeffer weiss (gemahlen)
Pferd Fleisch
Pfifferlinge/Eierschwammerl
Pflaume getrocknet
Piment
Pinienkerne
Pintobohnen gesprenkelt
Pistazien
Prosecco
Pumpernickel
Qualle
Quargel 20%
Radicchio
Reh Fleisch
Reineclaude
Reishi
Rind Herz
Rind Herz (Kalb)
Rind Knochenmark
Rind Leber
Rind Lunge (Kalb)
Rind Magen
Rind Niere
Rind Ochsenschwanzstücke
Roggen Vollkornbrot
Römersalat/Lattich-Salat
Rosenkohl
Rosinen
Rotbarsch
Rotkohl
Rotwein

Rum
Sahne 10% Kaffeesahne
Sahne sauer 10%
Sahne sauer 20%
Sahne sauer 30%
Sahne, süß 30%
Sake
Salz
Salz Kräutersalz
Sardellen/Sardine
Saubohnen (Dicke Bohnen)
Sauerkraut
Sauermilch
Sauerrahm 15% Fett
Schafmilch Joghurt
Schafskäse
Schimmelkäse
Schmelzkäse 12%
Schmelzkäse 30%
Schnaps
Schnecke
Schokolade
Schokolade (Diabetiker)
Scholle
Schwarzaugenbohnen
Schwarze Bohnen
Schwarzer Fungu Pilz
Schwarztee
Schwein Blut
Schwein Bratwurst
Schwein Darm
Schwein Fett
Schwein Haut
Schwein Herz
Schwein Hirn
Schwein Leber
Schwein Lunge
Schwein Magen
Schwein Markknochen
(Röhrenknochen)
Schwein Mettwurst
Schwein Nieren
Schwein Schinkenspeck
Schwein Schmalz
Seegurke
Senf
Senf Dijon
Senf mittelscharf
Senf süß
Sesam Paste (Tahini)
Sesam, Schwarzer
Sesam, Weißer
Sherry
Shiitake, getrocknet

Shrimps
Silbermorchel, getrocknet
Soja Cuisine (Soja-Sahne)
Soja Tofu
Soja Tofu geräuchert
Sojabohne
Sojabohnen, Gelbe
Sojabohnen, Schwarze
Sojabohnen, Schwarze, fermentiert
Sojacreme
Sojapaste (Miso)
Sojasauce
Sonnenblumenkerne
Stangenbohnen (Fisolen)
Steinpilz/Herrenpilz
Stevia (Süßkraut)
Süßwasserfisch
Süßwasserkrebs
Tabasco
Taube Ei
Teemischung Harnsäuresenkend
Thunfisch
Tintenfisch
Tomate getrocknet
Tonicwasser
Topfen (Quark) 20%
Topfen (Quark) 40%
Trüffel
Umeboshipaste
Vogelmiere
Vogerlsalat (Pflücksalat)

Wachtel Ei
Walnüsse
Walnüsse geröstet
Weißbrot Salzstangerl
Weiße Bohnen
Weißfischchen
Weißkohl/Weißkraut
Weißwein
Weizen Bier
Weizen Gras Pulver
Weizengrassaft
Weizenkleie
Wermut
Wermutkraut
Wildkräuter
Wildschwein Fleisch
Wirsing/Grünkohl
Ziegen- und Schafsblut
Ziegen- und Schafshirn
Ziegen- und Schafsleber
Ziegen- und Schafsmagen
Ziegenkäse
Zitrone
Zitrone Saft
Zitrone Schale
Zitrone, Limette
Zuckerersatz (Süßstoff)
Zwiebel Frühlingszwiebel
Zwiebel rot
Zwiebel Schalotte
Zwiebel weiss

# 5 Komplementär

## 5.1 Zubereitung: Fertiggetränk

### 5.1.1 Baby- Säuglingsnahrung

Ersatznahrung bei fehlender oder geringer Muttermilch,
Übergangsnahrung für einen sanften Übergang, Beinahrung bei
längerem Stillen. Steuerbare Kalorien- und Nährstoffzufuhr.
Fertig zubereitete oder angebrochene Babynahrung soll nicht zu lange
bei Raumtemperatur aufbewahrt werden, höchstens einen Tag lang im
Kühlschrank.
Da das Immunsystem von Säuglingen noch nicht voll entwickelt ist,
besteht ein erhöhtes Risiko für Allergien, wenn sie mit artfremdem Eiweiß
in Berührung kommen.

### 5.1.2 Milch Ersatz bei Muttermilchmangel

Ersatz oder Ergänzung bei Muttermilchmangel.
Ziegen-, Esel- oder Kamelmilch werden weltweit verwendet. Es gibt
industriell hergestellt Ersatzmilch aus möglichst natürlich angebauten
Pflanzen wie Soja, Weizen, Reis, Lupinen,… Diese werden als Pulver
und flüssig abgepackt angeboten. Auf Sterilität ist besonders zu achten,
richtiges Kochen des Wassers und saubere Utensilien sind
Voraussetzung. Bei Naturprodukten ist es gut, die Betriebe persönlich zu
kennen oder zertifizierte Hersteller auszuwählen.

### 5.1.3 Muttermilch Ersatz

Einfacher zu verdauen.
Ziegen- Kamel- Eselmilch: Nicht vollständig laktosefrei. hoher
Kalziumgehalt.
Sojamilch: Mögliche hormonelle Wirkung. Bei angeborenen
Laktasemangel. Reis- Hafer- Mandelmilch: enthalten weniger Vitamine,
Calcium und Eisen.
Nach Rücksprache mit Ihrem Ernährungsberater können Milchersatz mit
Kuhmilch gemischt werden um ausgewogene Versorgung mit Vitaminen
und Spurenelementen zu gewährleisten. Auch eine langsame
Gewöhnung an die Lactose kann erfolgreich sein.

### 5.1.4 Stutenmilch als Muttermilchersatz

Als Nahrungsergänzung oder Kuhmilchersatz.
Dosierung nach Alter und Gewicht.
Nachteile der Flaschennahrung sind, zu hohe Eiweißzufuhr und Risiko zu Übergewicht, Verstopfung und weniger Schutz vor Infektionen.

## 5.2 Zubereitung: Heilbad

### 5.2.1 Bad mit Kamille

Entzündungshemmend, antibakteriell, krampflösend, wundheilungsfördernd. Beruhigender Effekt auf die Psyche.
Für ein Bad können ca. 40-60g getrocknete Kamillen als Sud oder je nach Gebrauchsanweisung Kamillenextrakt verwendet werden.

## 5.3 Zubereitung: Heil-Tee (Aufguss)

### 5.3.1 Kamille

Krampflösend und entzündungshemmend bei Verdauungsstörungen, beruhigt die Nerven und fördert guten Schlaf. Äußerlich angewendet heilt er Wunden sowohl im Mund-Rachen-Raum als auch der Haut. Stärkt Sehkraft.
2 Teelöffel des Tees mit 250 ml kochendem Wasser übergießen und 10 Minuten ziehen lassen. Danach absieben. Nach Bedarf 2 bis 3 Tassen pro Tag trinken.
Wirkstoffe: Äth. Öl: Chamazulen, Bisabolol, Flavonoide, Cumarine
Vor Dauergebrauch wird gewarnt, ansonsten unbedenklich.

# 6 Grundlagen der Ernährung

Die hier beschriebenen Grundlagen der Ernährung zeigen allgemeine Empfehlungen und beziehen sich nicht auf eine spezielle Therapieform. Die Empfehlungen der Therapie haben Vorrang.

## 6.1 Ernährung

Die regelmäßige Einnahme von Mahlzeiten in entspannter Atmosphäre. Ein wärmendes Frühstück gilt als guter Start in den Tag. Mittags sollte die Hauptmahlzeit stattfinden - das Abendessen am frühen Abend.

Die Beachtung von Hunger- und Sättigungsgefühlen: Nicht überessen und nicht hungern, so lautet die Regel.

Die frische Zubereitung der Speisen aus naturbelassenen, regionalen Produkten. Tiefgekühlte, hitzekonservierte, industriell vorgefertigte oder mikrowellengarte Lebensmittel werden gemieden.

Die Auswahl von Lebensmittel nach der Jahreszeit: Im Sommer mehr kühlende Nahrung, im Winter mehr wärmende Nahrung.

Mindestens zweimal am Tag Gekochtes essen. Speisen und Getränke sollen möglichst handwarm, niemals eiskalt oder heiß sein.

Rohkost, kurz gegartes Gemüse, frisch gepresste Säfte und Mineralwasser werden üblicherweise nicht empfohlen. Milch und Milchprodukte stehen nur dann auf dem Speiseplan, wenn sie problemlos vertragen werden.

Therapeutische Rezepte nicht über einen längeren Zeitraum ohne Rücksprache mit dem Arzt oder Therapeuten einnehmen.

### 1. Vielseitig essen
Lebensmittelvielfalt genießen. Merkmale einer ausgewogenen Ernährung sind abwechslungsreiche Auswahl, geeignete Kombination und angemessene Menge nährstoffreicher und energiearmer Lebensmittel. (Einerseits Schutz vor Unterversorgung mit essentiellen Nährstoffen und andererseits Schutz vor einer überhöhten Zufuhr unerwünschter Inhaltsstoffe.)

### 2. Reichlich Getreideprodukte - und Kartoffeln
Brot, Nudeln, Reis, Getreideflocken (am besten aus Vollkorn), sowie

Kartoffeln enthalten kaum Fett, aber reichlich Vitamine, Mineralstoffe, Spurenelemente sowie Ballaststoffe und sekundäre Pflanzenstoffe. Diese Lebensmittel sollten mit möglichst fettarmen Zutaten verzehrt werden.

### 3. Gemüse und Obst - Nimm "5" am Tag ...
5 Portionen Gemüse und Obst am Tag, möglichst frisch, nur kurz gegart, oder auch eine Portion als Saft – idealerweise zu jeder Hauptmahlzeit und auch als Zwischenmahlzeit: Damit werden reichlich Vitamine, Mineralstoffe sowie Ballaststoffe und sekundären Pflanzenstoffe (z.B. Carotinoiden, Flavonoiden) zugeführt. Das Beste, was man für die eigene Gesundheit tun kann.

### 4. Täglich Milch und Milchprodukte, ein- bis zweimal in der Woche
Fisch; Fleisch, Wurstwaren sowie Eier in Maßen. Diese Lebensmittel enthalten wertvolle Nährstoffe, wie z.B. Calcium in Milch, Jod, Selen und Omega-3-Fettsäuren in Seefisch. Fleisch ist wegen des hohen Beitrags an verfügbarem Eisen und an den Vitaminen B1, B6 und B12 vorteilhaft. Mengen von 300 - 600 g Fleisch und Wurst pro Woche reichen hierfür aus. Fettarme Produkte bevorzugen, vor allem bei Fleischerzeugnissen und Milchprodukten.

### 5. Wenig Fett und fettreiche Lebensmittel
Fett liefert lebensnotwendige (essenzielle) Fettsäuren und fetthaltige Lebensmittel enthalten auch fettlösliche Vitamine. Fett ist besonders energiereich, daher kann zu viel Nahrungsfett Übergewicht fördern, möglicherweise auch Krebs. Zu viele gesättigte Fettsäuren fördern langfristig die Entstehung von Herz-Kreislauf-Krankheiten. Pflanzliche Öle und Fette bevorzugen (z.B. Raps-, Oliven- und Sojaöl und daraus hergestellte Streichfette). Auf unsichtbares Fett achten, das in Fleischerzeugnissen, Milchprodukten, Gebäck und Süßwaren sowie in Fast-Food- und Fertigprodukten meist enthalten ist. Insgesamt 70 - 90 Gramm Fett pro Tag reichen aus.

### 6. Zucker und Salz in Maßen
Nur gelegentlich Zucker und Lebensmittel, bzw. Getränke verzehren, die mit verschiedenen Zuckerarten (z.B. Glucose Sirup) hergestellt wurden. Kreativ mit Kräutern und Gewürzen und wenig Salz würzen. Jodiertes Speisesalz bevorzugen.

### 7. Reichlich Flüssigkeit
Wasser ist absolut lebensnotwendig. Jeden Tag rund 1-2 Liter Flüssigkeit trinken. Wasser (ohne oder mit Kohlensäure) und andere kalorienarme Getränke bevorzugen. Alkoholische Getränke sollten nicht konsumiert

werden.

## 8. Schmackhaft und schonend zubereiten
Die jeweiligen Speisen bei möglichst niedrigen Temperaturen garen, soweit es geht kurz, mit wenig Wasser und wenig Fett - das erhält den natürlichen Geschmack, schont die Nährstoffe und verhindert die Bildung schädlicher Verbindungen.

## 9. Sich Zeit nehmen und das Essen genießen
Bewusstes Essen hilft, richtig zu essen. Auch das Auge isst mit. Sich beim Essen Zeit lassen. Das macht Spaß, regt an, vielseitig zuzugreifen und fördert das Sättigungsempfinden.

## 10. Auf das Gewicht achten und in Bewegung
Ausgewogene Ernährung, viel körperliche Bewegung und Sport (30 bis 60 Minuten pro Tag) gehören zusammen. Mit dem richtigen Körpergewicht fühlt man sich wohl und fördert die Gesundheit.
Thermik, Wirkrichtung, Verdauungskraft
Es gibt unterschiedliche Kriterien, die Wirksamkeit von Kräutern und Lebensmittel zu beurteilen. Der Einsatz der Kräuter und Zutaten basiert auf Beobachtung, was die Lebensmittel, Kräuter und Gewürze nach ihrem Verzehr im Körper bewirken. In der Medizin hat sich daraus folgendes System entwickelt: Jede Zutat oder Kraut hat eine Wirkrichtung. Außerdem gibt es noch Kräuter, die eine besondere Wirkung auf bestimmte Organe haben.

Voraussetzung für einen gesunden Stoffwechsel ist es, darauf zu achten, dass wir ausreichend Energie aus der Nahrung gewinnen und der Verdauungsprozess so wenig Energie wie möglich verbraucht. Eine bekömmliche Mahlzeit macht zufrieden und satt, verursacht keine Blähungen und keine Müdigkeit nach dem Essen. Richtiges Würzen erhöht die Bekömmlichkeit unserer Speisen. Es genügen oft schon geringe Mengen an Kräutern und Gewürzen. Sie dienen nicht dazu, uns satt zu machen, sondern helfen unseren Verdauungsorganen, die Nahrung zu verdauen.

## 6.2  Rezepte

Die Rezepte zeigen Ihnen welche Zutaten verwendet werden sowie mit der Kochanleitung wie diese zubereitet werden. Bei den Zutaten wird neben den Mengenangaben auch die Wichtigkeit für die Therapie angezeigt. Wenn dabei angezeigt wird "weniger als angegeben" versuchen Sie diese Empfehlung einzuhalten oder eine Alternative aus der Liste der "Empfohlenen Lebensmittel" zu finden. Meistens ist es nur eine leichte geschmackliche Änderung wenn Sie diese Zutat gänzlich weglassen.

Schonende Kochmethoden: Kochen, dämpfen, pochieren, dünsten
Scharfe Kochmethoden: Grillen, rösten, anbraten, räuchern
Ausgeglichene Kochmethoden: Frittieren, Römertopf

Auf das Einfrieren und erwärmen in der Mikrowelle sollte verzichtet werden (Denaturierung).

## 6.3 Lebensmittel

Lebensmittel wirken wie Heilkräuter auf Körper und Geist, nur wesentlich sanfter. Die Ernährungsberatung stützt sich hauptsächlich auf heimische Lebensmittel. Das Wissen über die Wirkungsweisen jedes einzelnen Lebensmittels und das Wissen wann welche Lebensmittel zur Anwendung kommen, entstammt der Schulmedizin. Verwende Sie möglichst Erzeugnisse aus ökologischen-biologischem Landbau.

Da wegen der besseren Verdaulichkeit grundsätzlich alles lange gekocht und kaum roh gegessen wird, ist die Verträglichkeit hervorragend.

Die Einteilung der Lebensmittel entsprechend ihrer Wirkung auf den Körper und bildet die Basis, um einen ausgewogenen und harmonischen Gesundheitszustand im Körper zu erreichen.

Grundsätzlich empfiehlt die Ernährungsberatung keine bestimmten Lebensmittel für Jedermann. Ausschlaggebend für den individuellen Speiseplan ist vor allem die persönliche Konstitution.

Kaufen Sie nur frisches und reifes Obst und Gemüse ein. Braune Stellen, welke Blätter aber auch unreifes Obst und Gemüse sollten Sie im Supermarkt zurücklassen. Greifen Sie dann zu Tiefkühlware (keine Fertiggerichte!). Tiefkühlobst und -gemüse werden kurz nach dem Ernten schockgefroren und enthalten deshalb oftmals mehr Vitamine und Mineralstoffe, als die Ware aus der Obst- und Gemüsetheke! Konserven- und Dosenware dagegen enthält wesentlich weniger Biostoffe. Zudem werden Letztere meist mit Salz, Zucker usw. angereichert. Lassen Sie die Zutaten nach dem Waschen nie im Wasser liegen, denn so gehen viele Vitalstoffe ins Wasser über! Putzen Sie Salate, Früchte und Gemüse erst unmittelbar vor Verzehr.

Beachten Sie bitte die hygienische Verarbeitung der Lebensmittel. Waschen Sie Ihre Salate, Früchte und Gemüse gründlich. Bei Gerichten mit Fleisch bereiten Sie zuerst die Zutaten vor und verarbeiten dann die Fleischprodukte. Reinigen Sie danach die Arbeitsflächen und Werkzeuge besonders gründlich. Holzunterlagen sollten regelmäßig mit leichtem Desinfektionsmittel behandelt werden um die Keimbildung einzuschränken.

Bewahren Sie Obst und Gemüse möglichst getrennt voneinander auf. Auch geerntete Früchte und Gemüse leben und strömen z.B. Ethylengas aus, das andere Sorten schneller reifen und altern lässt. Fleisch und Fisch in der verschlossenen Verpackung lassen oder in luftdichten Boxen im Kühlschrank aufbewahren.

## 6.4 Kräuter

Bei der Aufbewahrung und Lagerung von Heilkräutern, müssen gewisse Grundregeln beachtet werden. Grundsätzlich müssen Heilkräuter geschützt vor direkter Sonneneinstrahlung, vor Feuchtigkeit und vor heißen Temperaturen gelagert werden.

Als Gefäße für die Lagerung von Heilkräutern können Gläser, Keramik-Behälter und zur Not auch Plastik-Dosen eingesetzt werden. Plastik ist aber ein sehr unreines Material und sollte daher wirklich nur eine kurzfristige Notlösung sein. Bei Glasbehältern ist darauf zu achten, dass dunkles Glas verwendet wird.

Heilkräuter können nicht beliebig lange aufbewahrt werden. Die Haltbarkeit von Heilkräutern ist auf jeden Fall begrenzt. Durch die Haltbarkeitsdauer kann durch sachgerechte Lagerung wesentlich erhöht werden. So soll der Lagerplatz dunkel, eher kühl und absolut trocken sein. Ein Medizinschrank aus Holz, der nicht direkt bei einer Wärmequelle platziert ist wäre ideal. Um Ihre Heilkräuter nicht wegwerfen zu müssen, kaufen Sie nicht zu große Mengen an Heilpflanzen. Beschriften Sie die Behälter mit dem Namen des Heilkrauts und dem Datum der Ernte bzw. der Verarbeitung.

# 7 Weitere Ernährungsvorschläge

Folgende Syndrome der Diätetik, der TCM oder als Therapieergänzung bei Krebs sind verfügbar.

## DIÄTETIK

1. Ernährung des Säuglings - Beikost
2. Ernährung in der Stillzeit
3. Ernährung im Alter
4. Ernährung von Kindern und Jugendlichen
5. Ernährung von Sportlern
6. Leichte Vollkost
7. Schwangerschaft
8. Vollkost

**Eiweiß und Elektrolyt – Nieren**
9. (Hämo-)Dialysebehandlung
10. Akutes Nierenversagen
11. Chronische Niereninsuffizienz
12. Nephrotisches Syndrom
13. Nierensteine (Nephrolithiasis)

**Gastrointestinaltrakt - Bauchspeicheldrüse**
14. Akute Pankreatitis (Entzündung der Bauchspeicheldrüse)
15. Chronische Pankreatitis (Entzündung der Bauchspeicheldrüse)

**Gastrointestinaltrakt - Dünndarm und Dickdarm**
16. Akute Obstipation (Verstopfung)
17. Chronische Obstipation (Verstopfung)
18. Colon irritabile
19. Divertikulitis
20. Erworbene Laktoseintoleranz (Laktosemalabsorption)
21. Fruktosemalabsorption
22. Glutensensitive Enteropathie (Zöliakie)
23. Kolektomie
24. Kurzdarmsyndrom

**Gastrointestinaltrakt - Leber, Gallenblase, Gallenwege**
25. Akute und chronische Hepatitis (Entzündung der Leber)
26. Cholelithiasis (Gallensteine)
27. Fettleber
28. Leberzirrhose

**Gastrointestinaltrakt - Magen und Zwölffingerdarm**
29. Akute Gastritis
30. Chronische Gastritis
31. Magenblutung
32. Ulcus ventriculi und Ulcus duodeni
33. Zustand nach Magenoperation

**Gastrointestinaltrakt - Mundhöhle und Speiseröhre**
34. Mundschleimhautentzündung
35. Ösophaguskarzinom (Speiseröhrenkrebs)
36. Reflüxösophagitis (Sodbrennen)

**spezielle Krankheiten**
37. Phenylketonurie (PKU)
38. Rheumatische Gelenkserkrankungen

**Stoffwechsel**
39. Adipositas (Übergewicht)
40. Diabetes mellitus
41. Essstörungen (Untergewicht)
**Fettstoffwechsel**
42. Hypercholesterinämie (erhöhter Cholesterinspiegel)
43. Hepatische Enzephalopathie
**Herz- und Kreislauf**
44. Arteriosklerose (Arterienverkalkung)
45. Herzinsuffizienz
46. Hypertonie (Bluthochdruck)
47. Hyperurikämie und Gicht
**veränderter Nährstoffbedarf**
48. bei Fieber
49. bei malignen Erkrankungen
50. nach Verbrennungen
51. Strahlen- und Chemotherapie

## KREBS
100. Bauchspeicheldrüse
101. Blasenkrebs
102. Blutkrebs (Leukämie)
103. Brustkrebs
104. Darmkrebs
105. Magenkrebs
106. Nierenkrebs
107. Speiseröhrenkrebs

## TCM
200. Blase - Feuchte Hitze in der Blase
201. Blase - Feuchtigkeit und Kälte in der Blase
202. Blase - Leere und Kälte in der Blase
203. Dickdarm - äussere Kälte befällt den Dickdarm
204. Dickdarm - Feuchte Hitze im Dickdarm
205. Dickdarm - Hitze blockiert den Dickdarm II akut
206. Dickdarm - Trockenheit des Dickdarms
207. Dickdarm - Yang Mangel (Kälte)
208. Herz - Blut Mangel
209. Herz - Blut Stagnation
210. Herz - Feuer
211. Herz - Heisser Schleim verstopft die Herzporen
212. Herz - Kalter Schleim verstopft die Herzporen
213. Herz - Qi Mangel
214. Herz - Yang Mangel
215. Herz - Yin Mangel
216. Leber - aufsteigender Leber-Yang
217. Leber - Blut-Mangel
218. Leber - Blut-Stagnation
219. Leber - feuchte Hitze in Leber und Gallenblase
220. Leber - Feuer
221. Leber - Gallenblase Qi-Leere
222. Leber - Kälte im Lebermeridian
223. Leber - Qi-Stagnation

224. Leber - Wind
225. Leber - Wind mit aufsteigendem Leber Yang
226. Leber - Wind mit Blutleere
227. Leber - Wind mit extremer Hitze
228. Lunge - Qi Mangel
229. Lunge - Schleim-Feuchtigkeit in der Lunge
230. Lunge - Schleim-Hitze in der Lunge
231. Lunge - Schleim-Kälte in der Lunge
232. Lunge - Trockenheit der Lunge
233. Lunge - Wind-Hitze befällt die Lunge
234. Lunge - Wind-Kälte befällt die Lunge
235. Lunge - Yin Mangel
236. Magen - Blutstagnation
237. Magen - Feuer
238. Magen - Magenkälte mit Flüssigkeit
239. Magen - Nahrungsstagnation
240. Magen - Qi Mangel
241. Magen - rebellierendes Magen Qi
242. Magen - Yin Leere
243. Milz - Hitze und Feuchtigkeit befällt die Milz
244. Milz - Kälte und Feuchtigkeit befällt die Milz
245. Milz - Qi Mangel
246. Milz - Qi Mangel + Absinkendes MilzQi
247. Milz - Qi Mangel + Milz kontrolliert das Blut nicht
248. Milz - Yang Mangel
249. Niere - Herz und Niere kommunizieren nicht mehr
250. Niere - Jing Mangel
251. Niere - Nieren können das Qi nicht empfangen
252. Niere - Qi ist nicht fest
253. Niere - Yang Mangel
254. Niere - Yin Mangel

FSC
www.fsc.org

MIX

Papier aus ver-
antwortungsvollen
Quellen
Paper from
responsible sources

FSC® C105338